看世界

王喜民 著

去大洋洲
/ Go to Oceania

大洋洲——镶嵌于亚、非、美、南极洲之间。撒落在茫茫大洋中成千上万珍珠般璀璨的海岛，孕育了举世无双的物源、恍如梦幻的天下奇境！

当代世界出版社
THE CONTEMPORARY WORLD PRESS

图书在版编目（CIP）数据

去大洋洲 / 王喜民著. -- 北京：当代世界出版社，2018.4

ISBN 978-7-5090-1322-9

Ⅰ．①去… Ⅱ．①王… Ⅲ．①旅游指南－大洋洲 Ⅳ．①K919

中国版本图书馆CIP数据核字(2018)第007243号

去大洋洲

作　　者：	王喜民
出版发行：	当代世界出版社
地　　址：	北京市复兴路4号（100860）
网　　址：	http://www.worldpress.org.cn
编务电话：	（010）83908456
发行电话：	（010）83908409
	（010）83908377
	（010）83908423（邮购）
	（010）83908410（传真）
经　　销：	新华书店
印　　刷：	北京华联印刷有限公司
开　　本：	710×1000毫米 1/16
印　　张：	17.75
字　　数：	190千字
版　　次：	2018年4月第1版
印　　次：	2018年4月第1版
书　　号：	ISBN 978-7-5090-1322-9
定　　价：	68.00元

如发现印装质量问题，请与承印厂联系调换。
版权所有，翻印必究；未经许可，不得转载！

湛蓝无比的天空，茫茫无际的太平洋浩瀚海域，有一个世界上最小的洲，它就是大洋洲！

打开世界版图，在亚洲和南极洲之间，与南、北美洲遥遥相对的，就是大洋洲！

有人把"大洋洲"称为"澳洲"。那是一个神奇而奥妙的洲，至今，人类还没有真正揭开她神秘的面纱……

大洋洲，一个鲜为人知的多岛之洲——

大洋洲范围有狭义和广义两种。狭义的是指中部的密克罗尼西亚、西部的美拉尼西亚和东部的波利尼西亚三大岛群。广义的是指除上述三大岛群外，还包括新几内亚岛（伊里安岛）、澳大利亚和新西兰。在地理上，习惯从广义上划分为六大区域，即新几内亚、澳大利亚、新西兰、密克罗尼西亚、美拉尼西亚和波利尼西亚。

之所以被称为世界上最小的洲，是因为大洋洲的面积仅897万平方公里，约占地球陆地总面积的6%；而人口为3600万，占世界总人口的0.51%，是除南极洲外世界上人口最少的一个洲。

大洋洲共有14个独立国家，为巴布亚新几内亚、澳大利亚、新西兰、密克罗尼西亚联邦、帕劳、马绍尔群岛、瑙鲁、基里巴斯、所罗门群岛、瓦努阿图、斐济、图瓦卢、萨摩亚和汤加。另外还有十几个地区及美、英、法等国的属地。

去大洋洲 Go to Oceania

大洋洲，有着多姿多彩的自然风光和人文景观——

大洋洲几百万平方公里的海域绵延 25000 多个海岛，加上世界第二大岛新几内亚岛（伊里安岛）、新西兰的北岛和南岛，还有被誉为世界最大"岛国"的澳大利亚，可谓海岛的世界。

大自然赋予了海岛千奇百怪、多姿多彩的美丽风光：世界上最可亲近的火山亚苏尔火山，世界独一无二的帕劳无毒水母湖，世界面积最大堡礁、世界七大自然景观之一的大堡礁，世界上最大的独体岩石艾尔斯巨石，举世无双的波浪岩，世界唯一地跨赤道且横过国际日期变更线的岛国基里巴斯，有着世界唯一一家水下邮局的瓦努阿图，世界最多的裸体部落所在地巴布亚新几内亚，让人窒息的黄金海岸，独特的汤加海边熔岩喷潮洞……大自然也同时造就了独特的珍禽异兽和稀有物种，如考拉、袋鼠、鸸鹋、天堂鸟、琴鸟、笑翠鸟、鸭嘴兽、几维鸟等，都是大洋洲独有或世界少有的。因为大洋洲远离其他洲，且被隔离成单体陆地，与世隔绝，而又被发现较晚，因此保存了原始状态。

大洋洲的人文景观有蹦极跳的发源地及世界第一个蹦极场地卡瓦劳、世界一流的滑雪场皇后镇、著名的悉尼歌剧院、世界上最重的巨石钱币、世界第一大黑珍珠养殖基地塔希提、全球八大浪漫胜地之一的莫雷阿岛、库克群岛土著人水上表演等等。

大洋洲，拥有厚重的世界遗产——

小小的大洋洲，却拥有不少独特的世界文化和自然遗产，其中有新西兰汤加里罗国家公园、密克罗尼西亚纳马杜遗址、所罗门群岛东伦内尔、瓦努阿图洛伊玛塔酋长领地、澳大利亚昆士兰热带雨林和乌卢鲁－卡塔楚塔国家公园、巴布亚新几内亚库克早期农业遗址等计 30 多处。

大洋洲，色彩斑斓的文化大熔炉——

多种文化的集结，形成多元化的岛国。大洋洲的历史可追溯至 4 万年以前，土著居民的祖先最早来自东南亚。16 世纪欧洲人开始登岛。

前 言

从人口结构看，三大岛群上的居民分别是美拉尼西亚人、密克罗尼西亚人和波利尼西亚人。三大岛群各有各的语言，各有各的习俗，如裸体部落不穿衣服成为习惯和传统，从某种意义上讲也是一种文化。澳大利亚和新西兰则主要是欧洲移民的后裔。种族的多样性，形成不同的音乐、舞蹈、美食、服饰、绘画、雕刻等，异彩纷呈，独具特色。

大洋洲，神秘莫测的大千世界——

神妙，奇特，诡异；谜团，未知，疑云。大洋洲还有很多不被世人所知的神奇所在。帕劳的巨石像，尽管已残缺不齐，但仍是气宇昂昂。然而，这是何人、何时、为何所立，成了解不开的谜！关岛的拉提石已有500多年的历史，当时的土著人为什么要用这样的巨大石梁建造房屋？世界绝无仅有的纳马杜条石遗址已破败不堪，到底是庙，是堡，还是墓？找不到确切答案！汤加的古皇宫已有上千年的历史，那三块巨石搭建的宫门是怎样运到岛上的呢？谁也说不清楚！斐济土著人为什么将墓穴建在住宅前？莫雷阿岛弓箭台为什么会消失？萨沃岛的鱼为什么会飞？瓦努阿图人为什么崇尚猪牙？……这一系列的疑问都有待后人考证。

大洋洲，面临着被淹没的危险——

大洋洲是美丽的、多彩的、神秘的，但也有不安的一面，这就是为数不少的岛屿伴随着地球变暖将面临着消失。最明显的岛国是图瓦卢、基里巴斯等，在不远的将来也许要从地图上永远抹去。这决不是什么危言耸听！图瓦卢不正处在被淹没之中吗？如果地球环境继续恶化，随着海平面的升高，用不了多少年，我们将再也看不到这个国家了！为此，请世人保护环境，杜绝污染，地球是我们共同的家园！

去大洋洲，解读太平洋上的神秘海岛！

去大洋洲，踏行苍茫海上的岛国世界！

作者：王喜民

▶ 去大洋洲 | Go to Oceania

目录 Contents

1 巴布亚新几内亚：大洋洲面积第二大国

| 天堂鸟之乡 ……………………………………… 010
| 跋涉深山老林踏寻天堂鸟 ……………………… 019
| 踏访世界上裸体部落最多的地方 ……………… 023

2 澳大利亚：世界最大的"岛国"

"天然首都"堪培拉 …………………………… 030
"南半球的纽约"悉尼 ………………………… 036
"文化之都"墨尔本 …………………………… 042
令人窒息的黄金海岸 …………………………… 047
"艳阳之都"布里斯班 ………………………… 052
到凯恩斯看大堡礁 ……………………………… 056

| 目 录

艾尔斯岩石印记 …………………… 060
从珀斯到波浪岩 …………………… 064

3 新西兰：
"绿色"著称的双岛之国

"花园之国"新西兰 ………………… 072
奥克兰之晨 ………………………… 077

4 密克罗尼西亚（岛群）：
小岛群岛

遗迹密布的密克罗尼西亚联邦 …………… 084
去纳马杜岛探访纳马杜遗址 ……………… 090
帕劳，斑斓的海底世界 …………………… 094
"情人之岛"关岛（美）…………………… 102
比基尼，痛定思痛的马绍尔群岛 ………… 109
行舟伊纳克岛采风 ………………………… 115
鸟粪富了世界最小岛国瑙鲁 ……………… 119
脚踩4个半球的国家基里巴斯 …………… 129

乘船踏访坦布奇岛 …………………… 137
跋涉塔鹏特凯凯岛 …………………… 139

5 美拉尼西亚（岛群）：
黑人群岛

"太平洋上的明珠"所罗门群岛 …………… 146
航海萨沃岛 ………………………… 152
崇尚猪牙的国家瓦努阿图 ……………… 157
奔坦纳岛看"世界最可亲近的火山"……… 163
走进土著人山寨 ……………………… 168
"南太平洋的十字路口"斐济 …………… 173
"南太岛国小首都"楠迪 ……………… 178
悲凉的辛阿托卡沙丘 ………………… 184
做客土著人部落 ……………………… 189

6 波利尼西亚（岛群）：
多岛群岛

将要被淹没的国家图瓦卢 ……………… 196
探访即将消失的图瓦卢学校 …………… 204
追寻生存空间的图瓦卢人 ……………… 208
"美女之岛"萨摩亚 …………………… 212
探秘汤加王国 ………………………… 218

| 目录

"袖珍小岛"纽埃(新) ……………………… 226

走进库克群岛(新) ………………………… 230

畅游月亮岛 …………………………………… 234

在凯利家农舍品尝农家饭 …………………… 239

"最接近天堂的海岛"塔希提(法) ………… 242

"蜜月岛"莫雷阿(法) ……………………… 250

传奇的皮特凯恩群岛(英) ………………… 256

旅游胜地夏威夷群岛(美) ………………… 261

遥远的复活节岛(智) ……………………… 267

后记 …………………………………………… 275

大洋洲示意图

/007

▶ **去大洋洲** | Go to Oceania

/008

| 第一章　巴布亚新几内亚：大洋洲面积第二大国

第 1 章

巴布亚新几内亚
大洋洲面积第二大国

　　当您步入巴布亚新几内亚，那"天堂鸟"壁画、"天堂鸟"雕像、"天堂鸟"石刻等比比皆是，就连国旗、国徽都有"天堂鸟"的标识。天堂鸟是巴布亚新几内亚的国鸟，是国人崇尚的"来自天堂的神鸟""太阳鸟"和"吉祥鸟"，巴布亚新几内亚也因此成为人们心目中的"天堂鸟之国"。巴布亚新几内亚是南太平洋西部的一个岛国，由巴布亚和新几内亚两部分组成，其中新几内亚位于伊里安岛，它是世界第二大岛。该国总面积 46 万平方公里、人口 700 万，是大洋洲仅次于澳大利亚的面积和人口第二大国家。然而，该国是世界上最不发达、最危险的国家之一，有着世界上最多的裸体部落，拥有美丽的自然风光和人文景观，很多地域还是未开垦的处女地……

天堂鸟之乡

星光，月华，银河……

飞机在夜空中飞行……

我是从北京首都机场登机的，目的地是巴布亚新几内亚首都。

长时间航行，无聊、沉闷、漫长……

我与同机前往的几个中国乘客聊了起来。他们从事矿业开发，据悉那里有400多名中国人长年在矿山工作，是中国矿业公司承揽的项目。当听说我去巴布亚新几内亚（简称巴新）后，他们大为吃惊，说："怎么去这个国家呢？那里太乱了！绑架、抢劫、杀人，屡屡发生，太不安全了，根本不敢一个人在路上走，否则十有八九会被劫的，而且是在光天化日之下明抢，若不将身上的钱和东西掏出来，生命就会受到威胁，这个国家有带枪的自由。"听完介绍，我心中颇有些犹豫，后又一想：既来之，则安之。整个行程都计划好了，只有注意罢了。

飞机，划破夜幕，在凌空飞翔……

经过一夜的航行，清晨抵达巴布亚新几内亚，降落在巴布亚湾岸

从飞机上俯瞰巴布亚新几内亚

● 天堂鸟街雕

边一处山麓间的狭长地带,这便是首都莫尔兹比港国际机场。打开舱门,一阵热浪扑来,顿感气温升高。原来,这里处在南纬9度。

走下舷梯,一眼望到机场航站楼墙上的壁画,一种奇特的鸟在迎接客人的到来。当问到同机的中国乘客,回答说:"那是天堂鸟,是该国的国鸟,这里是天堂鸟之乡!"

接机的是巴新国家外事部门的一位男士,名为伊亚。刚上车,他便说:"不必担心,跟着我行动很安全,何况这是首都,治安相对好一些,但不能单独行动。"接着,他介绍了巴新国家的一些概况。

巴布亚新几内亚国名由巴布亚和新几内亚两部分组成,得名于岛名,全称巴布亚新几内亚独立国,巴布亚名称来源于马来语,意为"卷发人的土地"。新几内亚位于伊里安岛,别称"鳄鱼之都"。全境共有

第一章 巴布亚新几内亚：大洋洲面积第二大国

600多个岛屿，包括新几内亚岛（伊里安岛）东部、新不列颠岛、新爱尔兰岛、马努斯岛、布干维尔岛等，面积46.3万平方公里、人口700万（其中首都50万），是大洋洲面积和人口第二大国家，仅次于澳大利亚，为英联邦成员。

去往首都市区的路上，满目绿色，满眼鲜花，香气扑鼻。莫尔兹比港的热带自然风光很迷人，难怪人们说这里"无处不树，无处不花，无花不美"！

美丽的自然环境与当地的设施并不配套。沿途看到：烟雾四起，尘土飞扬，房屋破旧，垃圾遍地，纸屑遍野，与自然景观形成反差。巴新是世界上最不发达的国家之一，又是世界上最危险的国家之一。除了环境极差、抢劫成风之外，还有一个值得注意的是这里霍乱相当严重，所以巴新很难成为世人向往的热带旅游胜地。为此，中国外交部多次提醒谨慎前往巴布亚新几内亚。

沿途天堂鸟的标识不断出现在十字路口、转盘中心、巨幅广告、路边雕刻上。这印证了同机中国人曾说过的：巴布亚新几内亚是"天堂鸟之乡"。

汽车行驶半个多小时，钻进一片纵深的森林里，目光中突现一座奇特的建筑。原来，那是巴新的国会大厦，远看整个建筑像一只飞翔的鸟，镶嵌在蓝天白云之下。向导伊亚说："国会大厦是按天堂鸟的形状建造的。天堂鸟，是巴新全国人民心目中最崇尚、最崇敬的一种吉祥之物。天堂鸟非常美丽、漂亮、安详、静谧，人们相信它能够带来幸福和吉祥。天堂鸟又称'极乐鸟'，是世界上十分稀有的一种鸟，生存在巴

● 源自天堂鸟造型的国会大厦

新高山森林中。"

步入国会大厦正门,是一幅巨大浮雕壁画,展示了巴国民族的历史、信仰、习俗,其中就有天堂鸟的内容。打开国会大厦的大门,上方是天堂鸟的木雕,大厅两根直立的独木树雕,又有天堂鸟。可见,巴新人民对天堂鸟是如此爱戴和崇尚,让人赞叹!大厅摆放着多国纪念品,其中有中国赠送的两只巨大瓷瓶。原来,中国和巴新有着历史悠久的往来,两国关系一直很密切。

● 国家博物馆的设计灵感也来自天堂鸟

第一章　巴布亚新几内亚：大洋洲面积第二大国

从国会大厦出来，走小路右转，是巴新国家博物馆。博物馆隐藏在树林中，并不建在马路边。博物馆虽不像国会大厦那样雄伟壮观，只似民宅一样普通，但却显得古朴典雅。馆前也立有一幅巨幅壁画，民族特色体现得十分鲜明，其中有天堂鸟，但更多的是讲述历史。馆员介绍："早在15000年前，我们的祖先从非洲大陆移民而来，这里才有了人类居住。很早很早以前，巴布亚新几内亚是和澳大利亚连在一起的一块陆地，后因地壳的变化，巴布亚新几内亚和澳大利亚被大海分离，所以巴国人的血脉肤色与澳国土著人相近。1511年葡萄牙人发现新几内亚。18世纪下半叶，荷兰、英国、德国殖民者接踵而来。1884年英国和德国瓜分伊里安岛东半部和附近岛屿。1975年宣布独立。1976年与中国建交。"博物馆旁摆放着一条巨型独木船，巴新人认为它是男人的象征，此船下海可载80人，用来抵抗外来侵略。走进低矮的博物馆，其中摆放着历代文物，展示了巴新悠久的历史。

汽车继续向市区行驶，经过一所国立大学之后来到首都植物园，门口停着一辆中巴汽车，外皮上画满了天堂鸟。走在古老的园林，水深，林密，鸟鸣，大自然的美好裹挟在周身。没想到巴新还保留了这么丰富的植物和树种，让人仿佛走进另一个世界，奇妙万千。本以为在植物园里会看到天堂鸟，然则没有。植物园的工作人员说，天堂鸟宿集在巴新腹地的高山森林中，只有到那里才能看到。

国会大厦、博物馆、植物园都设在郊外。进入莫尔兹比港市区中心，才看到了巴新国家的真正面貌。高楼不是太多，大都集中在海港。首都是个山城，道路时起时落，建筑错落有致，只有一条主要干线马路，高

去大洋洲 Go to Oceania

● 首都莫尔兹比港主街道

楼大都集中于此。让人难以置信的是，市中心天堂鸟的标识更多，广告、壁画、雕刻无处不在，还有宾馆外、街墙上、屋檐边，天堂鸟的标牌比比皆是，特别是商店里的物品上，大多印制着天堂鸟的广告，如啤酒瓶、衬衫、床单、衣帽等，统统都是天堂鸟。

大街上，还可以看到一些中国援建的楼房，如国家医院、国家银行等。巴新国家两极分化非常明显，富人和穷人生活差距很大。当地陪同者伊亚特意带路去参观贫民区。路上，他一再强调说："抢劫者很多，进入那一区域后不得下车，不得拍照，不得开车窗，否则会出现不测惹出麻烦，是很危险的！"

为什么伊亚一再强调安全，其实他心里也很怕出事。此时，他讲述了中国人遭劫的一幕，他说："那是2009年，巴新第二大城市莱城发

第一章 巴布亚新几内亚：大洋洲面积第二大国

生流血事件，当地人去华人店铺抢劫，砍死华人。还有一次一家四口都遭遇不测，很恐怖，所以大家一定要注意安全。"

汽车离开主市区，路过一块"神石"。为什么叫"神石"呢？据传，这块巨石已在此蹲卧了上千年，有一天筑路工人将其移至海边，没想到第二天又回到了原位，当地人认为是神的作用，为此称之为"神石"！本来，我想下车拍张照，但被拒绝了，原因是不安全。无奈，我隔着车窗玻璃，且在高速行驶下将它照了下来，这张照片应该是非常珍贵的。

几经路转，汽车开进贫民区中的Hanuabada村。只见路旁那么多贫民聚集在一起，东看西瞧，好像是在寻找什么目标。还有人站在马路当中，晃来晃去。"抢劫"两字立刻

● 街心土著人木雕

● 港口贫民区

占据了我的大脑，心一下子悬起。匆忙中，只见海边低矮的屋房一座挨一座，大都是铁皮房，海水变成污水，难闻的气味从汽车门缝里钻进来。垃圾、脏物堆满车行道，人们衣不遮体，穿着破烂。这，就是巴新的贫民区！但他们崇尚天堂鸟，他们相信，天堂鸟会给他们带来吉祥。

汽车只转了小半圈，便离开了。天堂鸟，何时能给穷人带来幸福？

之后，汽车又开向富人区。不同的场景恍如隔世！山坡上，绿树中，米黄色的豪宅金碧辉煌，洁净亮彩，尤其富人之家门前"天堂鸟"的标识，非常突出显眼，宅门前看守者持枪把守，严阵以待！

这，就是巴新的富人区！富人更相信：天堂鸟，是开启幸福之门！

天堂鸟，吉祥的象征，幸福的天使……

天堂鸟，巴新人民之所爱……

第一章 巴布亚新几内亚：大洋洲面积第二大国

跋涉深山老林踏寻天堂鸟

云雾、山林、草地……

汽车朝着天堂鸟之地 kumul lodge 前进！

穿过一片片丛林，翻过一座座高山，涉过一条条河流。突然，一声雷鸣，大雨不期而至。汽车减下速来，缓慢行驶。山路上，不见行人，车辆极少。只有我们孤独地在雨中行驶。汽车左转，离开公路，向着山腰，开足马力艰难地爬坡、前行。

我从首都莫尔兹比港出发，行驶1000多公里，首先来到芒特哈根市稍作停留，然后继续前进。芒特哈根市距天堂鸟之地还有两个多小时车程。沿途看到所有汽车玻璃全部罩有铁丝网，不管是大车还是小汽车。

● 芒特哈根市地标　　　● 沿途汽车全部安装防爆玻璃网罩

去大洋洲 Go to Oceania

这里抢劫成风,盗窃不止,司机是为了防止路劫才装的。

大雨,还在倾盆而下;雷声、闪电,还在划过长空……

突然,汽车来了个急刹车,观鸟台到了。

一名中年男子打着雨伞从门岗出来迎接。由于雨下得太大,只有坐在汽车上耐心等待……

十分,二十分,三十分!雨,终于停了下来!走出车门,一阵寒气扑来,穿着羽绒服还是冷,冻得迈不开双脚。经询问才知,这里的海拔已达3000多米。为了能看到天堂鸟,冒着严寒,顶着高原缺氧,喘着粗气,我们一步一步向山上爬!

一边爬山,一边听当地人介绍:"这里的观鸟台设在半山腰的密林中,处在芒特哈根市西部,约上百公里路途,即便雨停了,任何鸟都不会出来,只有好天气天堂鸟才会出来。上去看吧!凭运气,或许能看到珍稀的有着天堂般美丽羽毛的天堂鸟!"

海拔3000米!我有些高原反应。但是天堂鸟的吸引力,让我咬牙坚持!几经跋涉,几番攀爬,终于到达观鸟台。木质的塔楼,木质的亭台,木质的走廊,混杂在丛林中。这一观鸟台是巴新政府投资兴建的,目的是观察天堂鸟的行踪,研究天堂鸟的习性。穿过空中走廊,攀爬升高阶梯,

原始森林中的观鸟台

第一章　巴布亚新几内亚：大洋洲面积第二大国

到达观鸟台。观鸟台有严格规定：不能大声说话，不能有大幅的动作。我静静地站着，屏住呼吸，朝林子深处仔细观望。一分，两分，三分，十分钟过去了，不见一只鸟出来。等啊等！瞧啊瞧！足足等了半个多小时，一只鸟飞来，但那不是天堂鸟。接着，又一只、两只、三只鸟飞出，但都不是天堂鸟……

"快看！快看！天堂鸟！天堂鸟！"一个伙伴拉住我的臂膀，小声急促地说。顺着他手指的方向，一只非常漂亮的鸟停在树下草地上。啊！那就是天堂鸟！浓黑的羽毛，蓝绿色的头颈，亮晶晶的眼睛，长长的白尾巴！这就是巴新人崇尚的至高无上的吉祥鸟！这就是我千里迢迢来此观看的珍稀鸟类！这时，我迫不及待地打

● 眺望的天堂鸟

开相机，放在连拍位置，手按快门，数十张心目中的天堂鸟定格在镜头里。

瞬间，天堂鸟飞走了！

这时，我喘息着，长叹：不虚此行啊！终于看到了天堂鸟！拍到了天堂鸟！

● 秀美的天堂鸟

走下木梯，回到休息亭。观鸟台的工作人员说："太幸运了，能看到天堂鸟，特别是看到长尾天堂鸟，太不易了！"问起长尾天堂鸟尾巴有多长时，得到的回答是一米多。据介绍，天堂鸟有好几种，常见的是褐色羽毛，有长尾的极少。天堂鸟是世界稀有鸟类，生活在高海拔山林。天堂鸟非常艳丽、华美、动人。巴新人视天堂鸟为吉祥鸟、幸福鸟，是因有神奇的传说。在巴新，国旗、国徽都有天堂鸟的元素，还有遍布城乡的雕刻和有各种图案的设计，都离不开天堂鸟。

● 森林中的护鸟老人

巴新，成了天堂鸟的世界！

天色近晚，峰回路转。返程又到芒特哈根市，天堂鸟仍在脑海中回旋。一个国家，一个民族，崇尚一个物种，由此带来生活的动力，也是美好的吧。巴新人相信：天堂鸟会带来幸福，会带来吉祥！

第一章 巴布亚新几内亚：大洋洲面积第二大国

踏访世界上裸体部落最多的地方

全球最多的裸体部落生活在巴布亚新几内亚腹地的深山密林中，这是巴新国家外事部门提供的信息。来一趟巴新实属不易，何不去亲眼见证土著人的习俗呢？

观看完天堂鸟，经过长途跋涉，我又回到位于巴新国家最中心的腹地——芒特哈根市。芒特哈根市地处芒特哈根山的脚下，是中心省的省会。这里山势起伏，峰峦叠嶂，是巴新国家最贫困之地。芒特哈根市区很小，甚至没有中国一个镇大，至多3000来人。市区不大，马路却很宽，只见街心、路旁坐满了人。男男女女，老老少少，他们在闲聊，在观望，或闲散地走动着，衣着都很陈旧、破烂。当地接待的工作人员叫哈拉，他说："这里因为远离首都，治安很乱，不能随意走动，不能随便拍照，不能单独行动。"沿街而行，这里有一家银行，一座教堂，一所学校，一处旅馆，想不到还有一家中国人开的超市。芒特哈根市萧瑟而冷清！

走向唯一一家旅馆，门外三三两两、不明身份的人走来走去，四名持枪警卫把守,大门紧闭,围墙很高,且拉有铁丝网,真是戒备森严啊!可想而知,这里的治安状况确实堪忧。

我离开芒特哈根,向着深山进发。

汽车在崇山峻岭中行驶,鲜有人烟,少见村寨,眼帘中只见莽莽林海。

● 阿维部落土著人列队欢迎客人到来

● 部落妇女项链各异显示地位和财富

途中,绕行15公里,走进深山的一个土著人部落阿维村。这个村寨与世隔绝,一切都处于原始状态:茅草屋,泥土墙,黄土路。村民大多不穿衣服,就连女人也是坦胸露臂,裸露着全身,只用一块草帘围在腰前。在一块草地上,一群妇女迎接客人的到来,载歌且舞。

酋长在接受采访时说:"寨子里有几十户人家,远离城镇,至今仍过着自给自足的农耕生活。这里自由平等,和谐相处,没有角斗,没有吵闹,过着非常平静的日子。"

在绿树遮掩的房子里,我走进村民圈养的类似鸵鸟一样的巨鸟,

| 第一章　巴布亚新几内亚：大洋洲面积第二大国

这种鸟是祝贺人们结婚的礼品，一般有儿子的家庭都饲养这种鸟，珍贵程度仅次于天堂鸟。

村寨前，只见一群裸体小伙子，身染黑斑，模仿神灵，从树丛中走出，这叫"哭露"展示。当地人相信，人是有灵魂的，即使过世，灵魂也不会消失。所以，对死亡者要厚待，不能忘却，而是永远怀念他们……

问及裸体的习俗，酋长说："这是我们的传统，习惯了，不以为意。裸体与气候也有关，这里常年湿热，光着身子就觉得凉爽。"

离开阿维村，又是一片林海，汽车在山间小路继续行驶，向着MulBaiyer 地区的另一个土著人部落如格雷村寨前行……

翻越一座座山丘，走过一片片荒野……

汽车上，陪同哈拉介绍说："巴布亚新几内亚主岛陆地只有一条东西走向山脉，横卧在国土的中心地带。芒特哈根市是腹地，是中心点，处在南纬5度，更靠近赤道，是典型的热带雨林气候。由于人迹罕至、

● 阿维部落土著人接受采访，介绍不穿衣服的习俗

原始而未经开发,生态环境没有破坏。这里人烟虽少,但都很真诚。对于婚育,这里是一夫多妻,女人一般生育8、9个孩子,最多15个。"

向导还说:"我们这里有个风俗,即夫妻之间吵架是娱乐,越吵得厉害越恩爱。有不少地方专门设有夫妻吵架场地,还有夫妻吵架比赛。"

车行驶了半个多小时,钻进一片丛林,没了道路,全是泥泞的水草地。我们改为下车步行,20多分钟后到达如格雷村。这个部落村寨位于芒特哈根市西北约30公里处,和阿维村一样,深埋在雨林中……

● 如格雷部落的孩子们

透过高大的椰树林,听到一阵童声,原来这是迎接客人的歌声。隔着芭蕉叶,看到一群赤身的孩童从林间树丛蜂涌出来,有的拿木棍,有的持弓箭,有的握木刀,排成一排欢呼跳跃,迎客致礼。眼前的孩童们太可爱了,他们睁开神奇的大眼睛,仿佛在说:"欢迎您到我们村寨来做客!"酋长介绍说:"整个寨子共80多户,依靠遍地的树木维持生活。"

在酋长带领下,我参观了村寨的草房,观看了村民钻木取火的经过,探寻了石头

第一章　巴布亚新几内亚：大洋洲面积第二大国

烤地瓜的全过程。这个偏僻的部落村寨，远离社会，远离喧杂，过着原始的质朴生活。眼前，一个个土著人均不穿衣服，包括少女、少妇，在生人面前也不害羞，更不介意。向导介绍，这一带处在纵深原始森林中，有很多裸体部落，被称为世界上裸体部落最多的地方并不为过。这里的裸体部族长期刀耕火种，几乎与世隔绝。1930年，当一架外国直升飞机突降这里后，人们误以为那是一只"食肉鸟"，全都吓跑了，唯恐被这庞然大物吞掉。

在此地踏访，又相继去了三个裸体部落，当地土著人均热情款待。

> **温馨提示**
>
> 　　巴布亚新几内亚虽然是大洋洲第二大国，但人们去往该国的热度远远不及澳大利亚和新西兰，甚至抵不上帕劳这个小小的岛国，主要原因还是知名度。其实，去巴布亚新几内亚很容易，有北京直达的飞机，而且常常是特价票。该国签证也较容易，需提供健康证和预防接种证即黄本。到该国的衣食住行不会有问题，有很多中国人开办的饭店、超市和旅店，但还是要注意安全，因为该国治安较乱，尤其是晚上尽量留在宾馆，即便出去也要结伴而行。巴国的山区很值得一去，保持了原始状态下的自然风光，值得注意的还是安全问题，需要加倍提防，不妨联系一名警察带路。

▶ **去大洋洲** Go to Oceania

| 第二章　澳大利亚：世界最大的"岛国"

第 2 章

澳大利亚
世界最大的"岛国"

澳大利亚是世界上唯一独占一个大陆的国家，它是世界上最小的陆地又是最大的岛屿，被誉为世界最大"岛国"和"大陆岛屿"，位于亚洲和南极洲及南太平洋和印度洋之间，面积769万平方公里、人口2200万，为大洋洲第一大国。澳大利亚资源极为丰富，被称为"坐在矿车上的国家""骑在羊背上的国家""世界活化石博物馆"，羊毛出口量居世界首位，9000多种物种其他国家没有，以珍稀独特的动植物闻名于世，如袋鼠、考拉、鸭嘴兽都是国宝。澳大利亚还有独特的自然风光和人文景观：世界上最大的珊瑚礁大堡礁、世界上最大的独体岩石艾尔斯巨石、世界第八大奇观波浪岩、黄金海岸、悉尼歌剧院、十二门徒礁石、昆士兰热带雨林等都是旅行者的好去处。

去大洋洲 Go to Oceania

"天然首都"堪培拉

汽车在高速路上行驶,向着澳大利亚首都进发。

我是从悉尼下飞机后转乘汽车前往的。

一般来说,一个国家的首都是这个国家最大的城市,而澳大利亚却不然。堪培拉是一个很小的城市,却是澳大利亚的首都,被誉为"花园城市"和"天然首都"。为了减少污染,首都没有国际机场,连外国元首的专机也只能停在悉尼;有火车,但车站建在离首都很远的一个小镇。故而如去首都访问,只能选择乘汽车。

汽车在飞驰,窗外尽是一片连一片翠绿的森林,多是桉树,还有松

第二章　澳大利亚：世界最大的"岛国"

树、银桦树、金合欢树。最为醒目的是公路两旁树木托起的焦黄色的小花，分外烂漫、妖娆。

行车期间，向导托尼向我介绍了澳大利亚的情况。"澳大利亚"这个词出自拉丁语，意为"南方的陆地"。全国面积769万平方公里，人口2200万，多为英国后裔，其中有90万亚洲人，还有16万土著人。澳大利亚本是一块未开垦的处女地，古时候，从亚洲远渡而来的一批土著人是这里最早的居民，后来英国人登陆，繁衍生息发展至今。

正说着，窗外出现了大片大片的牧场，广阔的草地上，不断有别致的房屋，周边用栅栏围起，远处是朵朵白云般浮动的羊群，如诗似画。澳大利亚有天然的牧场，很适合羊的生长，为此牧业十分发达，全国牧业从业人员达40多万，羊的饲养量及羊毛产量和质量均居世界第一，被称作"骑在羊背上的国家"。

穿过片片牧场后迎来阴森森的丛林，正当我凝望丛林深处的动物时，汽车突然急刹车。原来，马路上躺着一只硕大的被压死的袋鼠。这时向导托尼说："袋鼠是澳大利亚的符号和标志，不仅钱币、邮票、飞机上印有它的图像，国徽上也有。袋鼠只生存于澳大利亚，因此在

● 去往澳大利亚首都堪培拉的公路两旁的林地中，很多袋鼠惹人喜爱

/031

○ 穿越马路的小袋鼠

世界人民心目中总是把袋鼠与澳大利亚这个国家连在一起。袋鼠在树林里到处都是，不计其数，大的有2米高，重100多公斤，晚上出来总是追逐着汽车灯光跑，常常会有袋鼠因此被撞死。由于目前大旱，树木、饲草受到威胁，国会提出计划捕杀一批袋鼠的议案，以保护树木和牧场，保证喂养羊群所需的饲草。袋鼠是最负盛名的有袋动物，是澳大利亚典型的本土动物。"

向导还介绍，考拉即树袋熊，也是澳大利亚的国宝，是受保护的动物之一。而鸸鹋是澳大利亚的国鸟，是世界上最大的陆地鸟之一，也是世界上最古老的鸟种之一。

经过两个小时的车程，堪培拉到了。这哪里像座城市，倒像一个小镇！30多万居民在什么地方？对此疑问，托尼回答："大家都居住在一二层洋房内。这里没有高楼大厦，没有大型百货商场，没有宏大的购物中心，多是大树、花草、绿地，这就是堪培拉，所以被称为花园城市、天然首都。这就是它的特色。"

堪培拉处在澳大利亚第一大都市悉尼和第二大都市墨尔本之间。1842年，英国人第一次来到这里定居放牧，称此地为坎伯拉，后更名为堪培拉。澳大利亚联邦政府成立后，围绕首都问题墨尔本和悉尼争执不下，政府遂采取折中方案，将首都选择在两城市之间的堪培拉。

首都的设计最终采纳美国环境美化专家沃尔特·贝理·格里芬的方

● 多伦多大学绿地草场及教学楼

案,即不建高楼大厦,以田园风光为主基调。其规划以格里芬湖为中心分为南、北两区。南为国会大厦、政府机关、外国使馆,北为居民区。

我首先来到国会大厦。国会大厦虽不是特别高,但庄严气派,非常有特色:81米高的巨型旗杆直插天空,48根大理石柱子坚实有力地矗立在门厅前,正厅中央悬挂的一幅特大挂毯为世界第一大毯。当我走进国会大厅,议员们正在开会,原以为会被拒绝入内,谁知却被非常友好地邀请进去旁听,后来才知,议会开会时谁都可以去旁听,而且可随意进出。

从国会大厦出来,来到格里芬湖边,湖是以设计师格里芬的名字命名的,面积704公顷,周长35公里。时下桃花正开,绿草冒出嫩尖。

● 国会大厦

● 格里芬湖　　● 战争纪念馆

湖中世界第一高喷泉跃出水面达 137 米，蔚为壮观。我把视线转入联邦桥和国王桥，它像一条锁链把北区和南区紧紧连在一起。湖岸有一个展览馆，用六种语言，其中包括汉语，播放澳大利亚的历史。

战争纪念馆是堪培拉著名的景点，它与国会大厦遥遥相望。站在林木包围的战争纪念馆前，可见一条笔直宽敞的安扎克路直对国会大厦，不过中间隔有格里芬湖。战争纪念馆前有一高大的平台，入口有纪念池，两旁为巨大的圆拱，各厅分别展有枪炮、坦克、血衣等实物。

使馆区是堪培拉最亮丽的景区之一，行走在这里，如同于画中游，

如痴如醉。高低不平的山丘,铺着厚厚的翠绿草甸;一道道沟壑,长满奇花异草,万紫千红;岗头坡岭古树参天,飞鸟一展歌喉。在绿树、青草、鲜花之中,间或穿插不同风格的建筑,异国风情频现,从飘动的旗帜,可辨别是哪个国家的大使馆。中国大使馆为宫殿式建筑,古朴大方,门前是大片草地,后面拥有大片树林。

住宅区飘动着乡野芳香,充满着乡土气息,掩映在绿树丛中的平房和二层小楼,敞开胸怀,面朝大路。这里找不到围墙,找不见门牌号码。堪培拉有明文规定,任何单位、住宅、建筑不允许有围墙,国家机关除总理府外一律不准设墙,这个被誉为"大洋洲的花园城市"也同时享有"没有围墙的城市"之称。

堪培拉,不愧为天然首都!

堪培拉,难得的绿色之城!

"南半球的纽约"悉尼

悉尼歌剧院是澳大利亚的象征,凡是去澳大利亚的人,一定不会错过悉尼歌剧院。

来到悉尼,我迫不及待地走向悉尼海湾。悉尼是澳大利亚最大、最古老的城市,是全国商业、金融、贸易、文化的中心,素有"南半球的纽约"之称。悉尼港口是全国最大的港口,处于悉尼海湾。海湾伸入陆地25公里,宽2.5公里。

海湾有一处很像是掰开的橘子皮的建筑,那就是悉尼歌剧院,向导托尼介绍了歌剧院的设计情况。1959年初,澳大利亚向全世界征集剧院设计图案,参与竞争的人很多。其中有一丹麦建筑师名叫乌特松,他大动脑筋,一连设计了几十个方案,画了上百张图纸,但都感到很一般,没有新的突破和创新。这一天,他感到十分疲劳,望着一大摞图纸发呆,正准备躺下休息时,夫人给端来一盘半剥开的橘子,放在桌子上。这位设计师无意去吃,只是随便瞄了一眼。哪知,这一瞄,猛然触动了他的灵感:这四处剥开的橘子皮不就是一所歌剧院的外形吗?于是,他铺开

第二章　澳大利亚：世界最大的"岛国"

● 悉尼歌剧院

图纸，很快画出一幅剥开橘子皮式的歌剧院设计方案。橘子皮形同鼓起的风帆，寓意着一帆风顺。它还形同贝壳，耸立在海湾，悠然自得。一张壮观的海景图画就此诞生了！这一奇特的构图设计一举入选。

我穿过一片森林，来到悉尼歌剧院。悉尼歌剧院不仅是澳大利亚的象征、灵魂，还是全世界最大的表演艺术中心之一，坐落在皇家公园伸向大海的一块舌形小岛上。剧院三面环水，其贝壳状建筑有序排列，前三个面向海湾，最后一个则背向大海，好似一艘挂着白帆的航船正在启程，很富有诗意。2007年它被列为世界文化遗产。

据托尼介绍，剧院竣工于1973年，共建造14个年头，总建筑面积8.8万平方米。内部由音乐厅、歌剧厅、餐厅三部分组成。这里是全世界最繁忙的演艺中心之一，许多国家的著名文艺团体都曾来此演出。这里每年可演出 3000 多场次，吸引观众 200 多万人。

与歌剧院隔水相望的是海港大桥，它也是悉尼的标志性建筑，正如一道飞起的彩虹把悉尼海湾两岸的市区连在一起。海港大桥 1932 年建成，海平面距桥拱顶 134 米，距桥面 59 米，桥体跨度 2500 米，曾是世界上最大的单孔拱形钢架桥，用去钢材 3.9 万吨。

悉尼还有一处标志性建筑——悉尼塔。塔高 305 米，顶端有个观景平台，被誉为南半球最高的观景台。在观景台上可以看到悉尼港、海港大桥、歌剧院、奥运会比赛场馆等全市风貌。在悉尼塔还可以观看"空中闯天涯"动感电影，内容包括遨游澳国、原野纵横、寻幽探秘、别有洞天等五部分，非常惊险刺激。

穿过闹市，通过林间小路，我攀上悉尼海湾一处高高的山崖，托尼

● 海港大桥

● 站在悉尼塔上观望全市风貌

● 悉尼的标志性建筑悉尼塔

● 山崖下望海湾风光

介绍，这里是岩石区，此处是悉尼的发祥地，是第一批欧洲移民的落脚地。站在岩石上眺望，古朴的房舍，悠久的酒吧，现代化的大楼，掩映在绿树丛中；帆船点点，游艇穿梭，巨轮破浪，荡漾在海湾碧波中。据悉，如果购买岩石区的套票，可以乘船游览观看悉尼的美景。

位于悉尼郊外的2000年奥运会比赛场馆也是一个好去处。当我驱车赶到那里，站在主赛场区，感到特别宽敞，人显得非常渺小。每参观一个比赛点，必须乘车而行。

● 2000年奥运会主会场

● 维多利亚女王大厦

在悉尼，我还走访了星岛日报、ABC电视台和Macquarie广播电台三家新闻媒体。

星岛日报占据一幢写字楼的一整层，总裁高文辉接待了我。高文辉说："星岛日报总部设在中国香港，美国、英国、加拿大等国家都有分部，我们这张报纸主要针对华人，中国到澳洲的移民很多，让华人既了解中国又可看澳洲的情况。"

Macquarie 广播电台在一家写字楼的八层和九层，为澳国第二大广播媒体。新闻节目总监克里斯·史密斯介绍："我们全天 24 小时新闻滚动直播，值早班的编辑提前四小时上班，先把全国几十家报纸的主要新闻发出去，再安排自采稿件，很辛苦。"

ABC 电视台是澳大利亚最大的一家新闻媒体，位于一个不大的院落内。夏次珍女士曾是 ABC 驻北京记者站的记者，说一口流利的汉语，当她听说我是从北京而来时，十分热情地与我交流。制作部经理彼得·琼斯介绍："ABC 是国家电视台，这里的纪律非常严格，如果工作时间抽烟或喝酒，那会马上被开除。"谈到工资，彼得·琼斯说，记者平均年薪为 3 万澳元。

● 唐人街入口

| 第二章 澳大利亚：世界最大的"岛国"

　　澳记协坐落在悉尼市郊，国际部埃玛·华特女士接待了我，她介绍："澳大利亚是个移民国家，文化的多元化是这个国家的特点，所以报纸有英文、中文和拉丁文，全国性报纸为《澳大利亚人报》(简称《澳人报》)。就广播电视而言，有 ABC 广播网、SBS 广播网，广播网分别设有广播电台和电视台。"

　　在悉尼，我还去了唐人街。这里是华人的聚居地，有中国式红色牌楼。

　　入夜，我走进悉尼歌剧院，欣赏了当地的土著人歌舞，热情似火……

　　舞曲，在悉尼湾荡漾……

　　歌声，在太平洋飞扬……

● 唐人街牌匾

▶ 去大洋洲 | Go to Oceania

"文化之都"墨尔本

　　墨尔本是澳大利亚第二大城市，有"花园之都""文化之都""新金山"之称，曾被评为全球最适合人类居住的"三大城市之一"，是南半球最负盛名的文化名城之一。

　　在墨尔本，我考察了古希腊式的旧国会大厦、战争纪念馆、哥特式的圣保罗教堂、联邦广场、仿古中国唐人街等建筑，其中南半球最大的植物园即皇家植物园里的蝙蝠，给我留下很深的印象。

　　皇家植物园坐落于市区中心，占地525亩，有150多年的历史。

· 墨尔本初印象

第二章 澳大利亚：世界最大的"岛国"

园中有天鹅湖，周围则是上百年的古树。而高大树枝上挂着成千上万的小黑球，使人感到十分新奇。陪同考察的马先生说："树上的黑球是蝙蝠，1980年，一只蝙蝠飞到这个植物园，

● 皇家植物园

没想到这种小动物繁殖极快，到现在已有2万多只，它在这里没有天敌，环境又很适宜，所以繁殖很快。由于它吃树叶，危害植物生长，

● 战争纪念馆　　● 联邦广场

州议会提出用毒药毒杀一批，但遭到动物学会的反对，说蝙蝠是用来研究黑暗中如何飞行的，世界绝不能没有蝙蝠。目前当地正在采用一种超声波驱赶蝙蝠。"

印象深刻的还有金山庙，马先生说："金山庙是华人为纪念中国人在这里淘金而专门修建的。"他随后详尽介绍了中国人来澳大利亚淘金的情况。1850年，墨尔本地区发现大量金矿，人们蜂拥而至，其中中国广东一带来了一大批人，有4000人左右。这些人背井离乡，为求平安，于是建造了金山庙，并在庙前摆放石狮和关公像。在墨尔本，华人是较早的移民，目前有20万华裔。

谈到华人登澳，马先生说并不比英国人晚，他说："《春秋》中记载华人第一次登上澳洲是公元前592年4月17日；另一次是公元前553年8月11日。此外，明朝郑和下西洋登上澳大利亚北部达尔文港，留下许多石像，这也是最好的证据。"

天上下起蒙蒙的细雨，我在墨尔本菲茨诺叶公园闲庭信步，穿越树林欣赏高大的桉树，一幢英式小屋挡住视线，马先生指着前方说："这个小屋不大，可名气不小，它就是库克船长的小屋，里面有许多故事。"

此时，我的目光完全聚焦在小屋上。小屋高两层，左右两边各有一层厢房瓦屋，外墙上爬满青藤，上方开有一小小的窗户，小屋右侧是库克的铜铸塑像，身佩腰刀，凝视远方。房屋周围是钢筋扎起的篱笆，墙内树木茂密。马先生说："这座建筑是英国人为纪念库克船长发现并登上澳大利亚大陆而建的，房子的一砖一瓦甚至铁钉螺丝都是从库克家乡——英国约克郡运至此处的，然后又依照故乡原貌把小屋盖在这里，

第二章 澳大利亚：世界最大的"岛国"

库克船长的小屋

其屋里的设施也全是来自库克老家，就连攀在砖屋前墙上的青藤也是移栽过来的。这座小房的搬迁时间为1934年。"

据介绍，库克全名为詹姆斯·库克，他是英国一个农场帮工的儿子，从事的第一职业是马倌，后来在杂货店当店员，16岁时进入惠特比一

雅拉河岸的高楼

去大洋洲 | Go to Oceania

家公司学徒，1756年在皇家海军服役，首次越过大西洋去美洲，1768年登上"奋进号"三桅帆船远征南太平洋探险航行，1770年4月20日登陆澳大利亚。1771年7月库克返回英国，告知大家澳大利亚适宜人类居住。

1787年，英国任命的第一任总督亚瑟·菲利普用航船载着568名男囚犯和191名女囚犯从英国出发，经历8个月到达悉尼泊湾岩石区。

在墨尔本，我还乘车出城西南行，沿大洋路参观了"十二门徒"岩石，它是澳大利亚的又一大景点。

墨尔本，一座文化名城，流淌着华人的血液……

● 墨尔本街景

第二章 澳大利亚：世界最大的"岛国"

令人窒息的黄金海岸

早晨从墨尔本乘飞机启程，上午9点多钟已飞抵黄金海岸上空。从机窗俯瞰，好一幅美丽动人的黄金海岸画卷：湛蓝如洗的海面，雪白翻飞的浪花，金黄细软的沙滩，深绿高耸的椰树，鲜红刺目的房顶，碧绿清爽的草坪。

太美丽了！这就是被联合国人居署评选的最适合人类居住的城市之一黄金海岸。

下飞机后，我顾不得收拾行李，直奔黄金海岸，想要零距离接触，饱尝这里有层次、有线条、有深浅的油画一般的秀丽风光。走到黄金海岸边，恰巧大海中横跨出一道彩虹，气势磅礴，五彩缤纷。我迎着彩虹迫不及待地投向大海的怀抱，踩着细细柔软的沙滩，蹚过一波波上扬的海浪，迎着阵阵温和的海风，呼吸着清新的空气，享受着大自然赋予万物的恩赐。

陪同参观的陈先生是宁波人，他15岁来到澳大利亚，在此居住了45年，见证并参与了黄金海岸城镇的开发和建设。他首先介绍了黄金

海岸的情况。

黄金海岸地处澳大利亚的昆士兰州，位于州府布里斯班东南约 90 公里的沿海，其海岸线总长 40 公里。20 世纪，英国人经过这里，发现海滩上的沙子像面粉一样细，海水特别清亮明澈，海鸟也非常多，而且常年阳光普照。海岸所靠的陆地鲜花盛放，青草萋萋，绿树成荫，鸟语花香，

● 霞光中的黄金海岸

到处春意盎然。这个风景绝佳之地很适于休闲、度假，之后上报殖民政府有关部门，经政府考察调研，决定开发利用这一宝地。

陈先生介绍，到这里投资的基本都是私营业主，投资包括房地产、服务业、娱乐业等，同时一些外国老板也看中了这块宝地，一掷千金，建了不少休闲娱乐设施。到目前，黄金

华纳电影世界

梦幻世界

去大洋洲 Go to Oceania

海岸已建"冲浪天堂""海洋世界""滑水公园""华纳电影世界""绳索体育世界""危险角"等许多娱乐性场所,就连飞机场也是个人投资54亿澳元建造的。其中"华纳电影世界"为美国华纳兄弟公司投巨资兴建。

通过上百年的开发建设,黄金海岸早已不单单是一个40公里长的海岸黄金旅游线,而是在此兴起了一个新型旅游城市,当然这个城市名字也取为"黄金海岸"。所以,"黄金海岸"不仅指海岸,还包括城市,比如一些游乐设施大都在城区或城区周边。目前黄金海岸城市人口已达15万,几乎都从事服务业。走在城区大街小巷,看到的都是旅店、商场、餐馆,还有拔地而起的高楼大厦,多是高级宾馆、大型赌场、超级饭店等,每年吸引游客达300多万人。

在陈先生带领下,我参观了几处游乐场所,先是到了"海洋世界",这里的海豚跳跃、海狮杂技、水下喂鲨、深水绝技等表演吸引了上千名

● 海洋世界入口

● 海豚表演　● 企鹅

● 稀有鱼类

● 北极熊

旅游者,我还乘单轨小型火车走进海底世界。"梦幻世界"类似迪士尼乐园,我尝试了激流勇进、霹雳过山车、机动游戏等活动,真是惊心动魄。在占地168公顷的"华纳电影世界"城,特技表演最为吸引游客,看台无一缺席,那跳楼表演、炸弹起火、汽车急刹、引火烧身等节目个个精彩。

　　澳大利亚是个注重休闲的国家,但澳大利亚人经营意识很强,他们以黄金海岸为依托,兴办了很多游览娱乐场所,包括赌博和购物场所,对于到这里旅游的外国客人,到处都吸引着你花钱,我实实在在体会到了……

　　不过,黄金海岸确实很美,美得如痴如醉,如梦如幻……

● 黄金海岸

去大洋洲 Go to Oceania

"艳阳之都"布里斯班

　　布里斯班处在南回归线边，日照时间近8个小时，终年阳光充足，为此有"艳阳之都"的美誉。布里斯班还有"考拉之都"的称谓，源于这里有澳大利亚的特有动物考拉，又名树袋熊，它们生活在郊外的自然保护区内。布里斯班还有"河流之城"之誉，蜿蜒的布里斯班河如飘带在市区优雅地绕了数个S形弯，成为这座城市一道别样的风景。

　　布里斯班是昆士兰省的首府，为澳大利亚除悉尼、墨尔本外第三大城市，人口230万，面积1331平方公里。布里斯班市的名字起源于穿过市区的布里斯班河，而布里斯班河的名字来自第一位总督托马斯·麦克都格·布里斯班的名字。布里斯班原本荒无人烟，1829年1000多名流放的囚犯来到这里，白手起家，慢慢发展起来。今天，它已成为一座现代化大都市，尤其是1988年举办的世界博览会和2014年的二十国集团峰会后，更是声名大振。

　　来到市政厅广场，这里是布里斯班的发祥地。广场上矗立着很多雕像，记述着布里斯班的沧桑史。有着浓郁意大利风情的市政厅钟塔高

第二章 澳大利亚：世界最大的"岛国"

● 布里斯班市政厅

92米，显示着这个城市的威严和庄重，尽管钟塔不是全市的最高建筑，但它却是首府的地标。登上塔顶，走在360度的观景台，足以让你领略到全市的优美风光。市政厅旁边的老教堂更显得古香古色，如果说市政厅是城市的发祥地，那么老教堂就是布里斯班的摇篮。整个教堂不算太高，呈暗红色，始建于1880年，仍保持了上百年前的原样，成为教徒朝拜的圣地。

女皇大道紧靠市政厅广场，是布里斯班市中心，也是全市最繁华的地带。这是条步行街，沿街皆是购物商场、专卖店、娱乐场所、咖啡厅，可谓人流如潮，热闹非凡。此外还有马戏表演、街头弹唱等。在街心，还有很多奇特的雕塑，如球雕、人雕、物雕，多彩多样。在街区行走，你会发现街道的命名别

● 高楼大厦中的老教堂

去大洋洲 | Go to Oceania

● 女皇大道

● 中心大桥

● 桥头拱门

有味道，其南北向以女性的名字命名，而东西向则是用男性的名字命名，这在世界上是独一无二的。

　　女皇大道的尽头，是气势宏伟的布里斯班河大桥，这里是全市交通最密集的地带，车水马龙，人头攒动。漫步在凌空而架的大桥上，望着桥下那白色飘带似的水面，两岸那沿河而起的高楼大厦，真正体会到现代大都市的浓郁气息！相比于老教堂和市政厅，这里又是一幅别样的画卷！

　　沿着布里斯班大桥走到河的对岸，又是另一种风情。沿途可见歌剧院、美术馆、艺术楼、音乐厅、图书馆、博物馆和会展场所。随着游览

第二章 澳大利亚：世界最大的"岛国"

的人群走向南岸公园，进门就是一幢规模宏大的中式建筑：凌空的飞檐，瓦式房顶，古旧的中式门窗，恰似一座庙宇出现在眼前。这一极富中国元素的建筑引起我的兴趣，后来了解到，这里居住着 10 多万华人，有许多中国人开办的餐馆、商店和公司。穿行在公园，园林很大，有树林、沙滩、草地，还有很多娱乐设施。

● 中国式仿古建筑

布里斯班市区面积之大，令人赞叹！我从南岸公园乘车向西南行 10 公里，来到龙柏考拉自然保护区，众多的考拉生活在这里，惹人喜爱，成为游人一大看点。

布里斯班，不愧有"考拉之都""艳阳之都""河流之城"的美誉！

► 去大洋洲 | Go to Oceania

到凯恩斯看大堡礁

澳大利亚的大堡礁是世界上最大的珊瑚礁群,是海洋生物的伊甸园,被称为世界七大自然景观之一。1981年被联合国教科文组织列为世界自然遗产。

● 珊瑚礁遍布沿海

有人说"到澳大利亚不看大堡礁等于没到澳大利亚",这并不是一家之言。真是这样,若到澳国不看大堡礁会留下深深的遗憾。

大堡礁北端靠近赤道的巴布亚新几内亚,南部临近布里斯班外海,连绵昆士兰海岸线2300公里,最宽处160公里,共有上千个珊瑚礁岛。

去大堡礁有多条线路,其中有布里斯班、罗克汉普顿、麦凯、汤斯维尔、凯恩斯和约克角。而最佳路线是凯恩斯，最佳季节是 4 至 10 月份。

我是从凯恩斯出发的。穿过一个个绿树礁岛，绕过一圈圈白色沙滩，掠过一片片海藻滩涂，越过一道道水波浪花……蓝天、白云、大海；绿岛、银滩、碧水，好一派五彩缤纷的世界。向导介绍："大堡礁由大大小小 2600 多个珊瑚礁构成，依偎在昆士兰东海岸，它像一串翡翠珍珠撒落下来，大珠小珠落在海面之上。"

两个多小时的行程，游船到达"海上平台"。这显然是大堡礁的中心地带，是最佳观景点之一。这个"海上平台"特别大，有"水上码头"之称，潜水设施一应俱全。大堡礁是世界上著名的潜水地，绝不能错过潜水机会哟！潜水员详细讲解了潜水规则和注意事项后，我便跟着潜水员一头扎进大海。

太震撼了！这真是一个色彩斑斓的海底世界！那花花绿绿的珊瑚，万紫千红、鲜艳夺目。那形形色色的礁石，像花朵、像灯塔、像鹿角、像仙人掌，千姿百态、诡异怪形。那五光十色的游鱼，似箭、如梭、像

潜水海底

去大洋洲 | Go to Oceania

● 畅游珊瑚礁群

流星，穿来荡去，好一幅异彩纷呈的海下画卷，梦一样的境地……

半个多小时的潜水，却让人终身难忘。出水后，潜水员介绍了有关珊瑚礁的情况。珊瑚礁是由珊瑚虫分泌的石灰质，是生物死后的遗体钙化，然后经过一代又一代的沉积，使珊瑚礁面积不断扩大。其实，珊瑚虫很小，平均只有几毫米大小，形成大堡礁需经 200 万至 1800 万年的钙化过程。无疑，珊瑚礁是有机体，这是它的珍贵价值所在。钙化后的珊瑚礁是白色的，而活珊瑚礁是彩色的，而且孕育出 400 种海绵动物、4000 种软体动物和 1500 种鱼类。

小小的珊瑚虫，千万年来世世代代的积存形成如此大的堡礁，像千里天然海堤，横躺在昆士兰海岸滩外，实为罕见，不愧为世界级自然遗产。

返程的游船在大海中航行。面对美丽的大堡礁，向导却一脸愁容，他说："大堡礁面临着灾难，面临着危机，面临着消失。这绝不是危言耸听！"

| 第二章 澳大利亚：世界最大的"岛国"

向导介绍，珊瑚虫几乎是在恒温下生长的，海水温度的高低直接影响到它的生命。然而，由于环境的破坏，气候变暖，如果不加控制，全球海水温度在本世纪将提高2~6度，这就意味着珊瑚虫的消失，那么大堡礁将失去它那艳丽的身姿，成为一片白花花的乱石堆……

大堡礁，存在着严重危机！

大堡礁，呼唤着环境保护！

● 色彩斑斓的珊瑚礁及鱼群

> 去大洋洲 Go to Oceania

艾尔斯岩石印记

艾尔斯岩石是处在澳大利亚国土中心部位的一块巨型奇石,已被纳入乌卢鲁-卡塔楚塔国家公园。1987年被联合国教科文组织列入世界文化与自然双重遗产。到澳大利亚若不去看艾尔斯岩石,那会像不看大堡礁一样留下终身遗憾!

我是从悉尼乘飞机到达爱丽斯普林市后,又转乘汽车西行300公里到达艾尔斯岩石的。

当我的视线初落到艾尔斯岩石时,立即被这一奇景所震撼:那红得

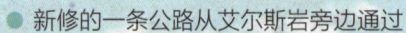
● 新修的一条公路从艾尔斯岩旁边通过

第二章 澳大利亚：世界最大的"岛国"

发紫的岩石凝放着光芒，在蓝天白云下那样绚丽、那样耀眼、那样光芒四射，像一块生命之石在燃烧、升腾。这时一片白云遮阳，它又似一块巨大的玛瑙横躺在荒漠中，那样悠闲、静谧、深幽，像一座安眠的火山孕育着巨大的能量，随时有可能爆发。

这就是世界最大的单体石！

据悉，艾尔斯岩石长3公里，宽2公里，高348米，其结构是整整一块巨石形成的山体，没有任何分隔的印痕和裂纹，非常光滑。它作为世界上最大的整体岩石呈现在世人面前，引无数来客叹为观止。更让人惊叹的是它的光泽随着日光和天体不断变幻，清晨、中午、傍晚、日出、日落、夜幕，会出现多种颜色，变化无穷。时下，恰为正午，我看到在强烈的太阳光直射下，巨石周围

● 晨光中的艾尔斯岩静谧安详

● 正午中的艾尔斯岩被烈日烤红

● 晚霞中的艾尔斯岩疑似沉睡

去大洋洲 Go to Oceania

仿佛闪动着黄色火焰,它好像被火烤得异常焦虑,这时我下意识地感触到它的"生命"迹象,仿佛听到了它跳动的脉搏……

艾尔斯岩石被誉为"地球肚脐",也是英国BBC评出的人生必去的全球50个地方之一。

艾尔斯岩石是如何形成的呢?我顺便走访了在场的工作人员。据介绍,在6亿年前,岩石所在的阿玛迪斯盆地被造山运动推挤形成大块石体。到了亿年前,又一次造山运动将石体推出海面,呈90°直角拱起,经长期风吹日晒,形成现在的艾尔斯岩石。

但是我在现场又听到了另一个关于岩石形成的版本。据一些科学家考察认为,这是一块陨石。4亿年前,一颗行星坠入地球落到这里,经过雨淋冲刷风化,变成了今天光滑的艾尔斯岩石。

而当我采访到当地的土著人,又是一个说法。这里的原住民说:我们祖祖辈辈叫它乌卢鲁,意思是"大地之母",而不叫艾尔斯。1873年,一名叫艾尔斯的欧洲人来到这里,发现了这块岩石,于是,他用自己的

第二章 澳大利亚：世界最大的"岛国"

名字命名。在我们土著人心目中，这是块"神石""圣石"，是我们的老祖宗缔造了这块岩石，并放在大陆的中心地带，守护着这片土地。它是整个澳大利亚的心脏、灵魂，是有生命的，神圣不可侵犯，不许攀爬，那是我们的大地之母。说完，这位土著人手指旁边的牌子，牌子上写着"Nganana Tatintja Wiya"，土著语意为"我们不攀登"。

为了详尽了解艾尔斯岩石，我用了3个小时，徒步绕行一圈，近距离欣赏这块世界级单体岩石。

夕阳西下，万道霞光。再看艾尔斯岩石，它多像一块红宝石，放射出道道璀璨的光芒……

● 近距离观看艾尔斯岩

去大洋洲 | Go to Oceania

从珀斯到波浪岩

波浪岩、艾尔斯岩石和大堡礁并称澳大利亚三大自然景观，而波浪岩又被誉为"世界第八大奇观"。到澳大利亚，一定不能错过观看波浪岩！我是乘飞机东西穿越澳大利亚国土最后到达澳国的西海岸重镇珀斯的，珀斯距波浪岩还有340公里车程。

珀斯是西澳大利亚州的首府，是全国第四大城市，是世界最佳居住城市之一，被称为"世界最孤独城市""旅游度假胜地""黑天鹅之城"。市内有州议会大厦、天主教大教堂、圣乔治大道、海伊步行街、天鹅钟楼、西澳博物馆、中央公园、野花国王公园，还有日

● 珀斯城市地标环圈

落海岸等二十多个海滩,可与东海岸的黄金海岸相媲美。

珀斯还有一个唐人街,很多华人在此开办餐厅、商场、店铺,是华人聚集的地方。

珀斯有一处世界文化遗产——弗里曼特尔监狱,这里曾关押着一万多名英国犯人。

我参观游览了珀斯市容后,便乘汽车东行,去踏访著名的波浪岩。

经过四个多小时的行驶,来到海登这个小镇,转道半个小时,终于到达波浪岩。

风景这边独好!当我第一眼看到波浪岩后,非常震惊:大千世界无奇不有,太让人惊叹了!那一排直立的长长的石墙,像翻卷的波浪,排山倒海,汹涌澎湃,气势磅礴!仿佛听到大海的呼啸,穿云裂石;看到大河的奔腾,浪涛拍壁;目睹大洋的翻卷,浪花四起。大自然怎么雕

● 世界文化遗产弗里曼特尔监狱

▶ 去大洋洲 | Go to Oceania

● 从不同的角度观看波浪岩

刻出这么雄伟的杰作,真是鬼斧神工,将之誉为"世界第八大景观",毫不夸张!

波浪岩高 15 米、长 100 米,是一道石壁断崖。它雄踞在此,起初并没有人注意,一直被半埋在黄沙中。1963 年,一位摄影师走到这里,无意中发现,顺便拍了照片,刊登在美国《国家地理》杂志封面,还在国际摄影比赛中获奖,由此一举成名。

那么波浪岩是如何形成的呢？我走访了当地向导。据悉，波浪岩在27亿年前是一块被埋在地下的大岩石，在长期的地质变化中，水分慢慢渗透到岩石中，并不断受到化学物质侵蚀。后来暴露到地面，又被风雨冲刷，形成一条条有规则的各色条纹。

还有一种解释，波浪岩的形成是龙卷风所致。一些科学家认为，此地龙卷风盛行，而且常常来自一个方向，很有规律。龙卷风裹挟着沙粒、雨水、尘土，不断拍击石壁，天长日久，形成了波浪岩。

在波浪岩旁，我采访了当地一位年长的土著人，他说："波浪岩对这里的人们来说并不感到惊奇，因为看惯了这道石墙。这里开始无人问津，当宣传出去后，大批游客涌来。之后政府也采取了保护措施，不让随意攀爬和损坏。"老人还说，这一带奇石怪岩很多，还有河马岩、驼

● 天鹅钟楼及附近建筑

去大洋洲 Go to Oceania

透明的玻璃塔

方形纪念碑

十二门徒石

第二章 澳大利亚：世界最大的"岛国"

峰岩等，不过波浪岩最负盛名。

　　游览过岩石美景后，我来到旁边的海登镇稍作休息。这是一个很有特色的小镇，小路、小房、小巷，地方风格、乡野情趣很是浓厚。

　　太阳西下，夜幕降临，我披着月色返程。途中，我感叹着，澳大利亚人的保护意识很强，很多自然资源被完整地保留下来，这是难能可贵的。

温馨提示

　　澳大利亚是大洋洲最热门的旅游国家，且是最多的行者落脚之地。澳国是最方便、最好去的国家之一，北京、上海、广州都有直达的航班，还有游轮前往。签证也很方便，期限延长至10年。澳国是一个移民国家，文化多元，除英国后裔外，华人不在少数，所以到达澳大利亚后不必考虑吃、住、行及语言问题。

▶ **去大洋洲** | Go to Oceania

| 第三章 新西兰："绿色"著称的双岛之国

第 3 章

新西兰
"绿色"著称的双岛之国

新西兰是大洋洲的第三大国，处在太平洋西南部、赤道线和南极洲的正中间，是大洋洲最南面的国家。说它是大洋洲的第三大国，是比较而言，它实际上是一个很小的岛国，由北岛和南岛组成，总面积仅27万多平方公里，人口450万。新西兰虽是个小国，它却拥有举世无双的自然景观，有着"花园之国""绿色王国""白云之乡"的称谓。境内三分之一国土面积为自然保护区。走在这个以"绿色"著称的国土上，满眼皆是绿意盎然的森林、草地、牧场。绿色的大自然，造就了牧业的发展，这个小小的岛国，绵羊数居世界第一，鹿茸、羊肉、奶制品和粗羊毛的出口值为世界第一。

去大洋洲 Go to Oceania

"花园之国"新西兰

行走在新西兰大地上,那大片大片的草场,无边无际的绿地,成群结队的牛群羊群,让人陶醉于这绿色的大自然中,难怪新西兰有"花园之国""绿色之国"的美誉,真正来到这个国家才能亲身体验。这个素以"绿色"著称的国度,洁净异常。

新西兰包括南岛、北岛两大岛屿,是一个草场面积辽阔的太平洋岛国,总面积27万平方公里,其天然牧场占国土面积一半还多,人工

● 新西兰大地牛羊遍布

第三章 新西兰："绿色"著称的双岛之国

牧场和草地 800 多万公顷。由于新西兰草地面积广阔，使其成就了"牧业王国"的美誉。新西兰全国绵羊饲养达 8000 万只，是全国总人口的 20 倍，成为世界主要绵羊饲养国之一，其粗羊毛出产量居世界第一。

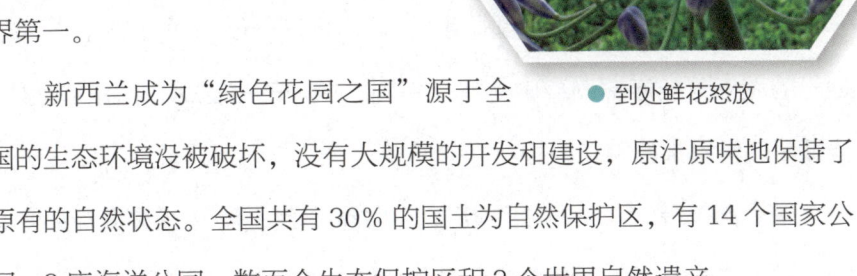

● 到处鲜花怒放

新西兰成为"绿色花园之国"源于全国的生态环境没被破坏，没有大规模的开发和建设，原汁原味地保持了原有的自然状态。全国共有 30% 的国土为自然保护区，有 14 个国家公园、3 座海洋公园、数百个生态保护区和 3 个世界自然遗产。

新西兰的环境保护与历史有关。新西兰是太平洋上的孤岛，早期没有人烟，无人居住。14 世纪，源于亚洲祖先的毛利人从太平洋中部

1、深入毛利人家了解羊毛的质量
2、3、毛利人的后代

的海岛乘木筏千里迢迢来到这里，称此地为"白云故乡"，便扎根生息、繁衍，过起了牧民生活。公元 1642 年，荷兰探险家阿贝尔·塔斯曼登岛发现新大陆，并命名为"新泽兰"。1769 年英国航海家库克船长登陆，后宣称英国占领，并改称"新西兰"。新西兰自被英国殖民后，一直保护土地资源，大力发展畜牧业，为"牧业王国"打下良好基础。

新西兰的"绿色花园之国"还体现在城镇的美化、绿化和花园化上。

走进"世界最南端的首都"惠灵顿，看到这个依山面海的有"风城"之称的城市，被连绵的群山丛林所包围。城中的古巴街、旧政府大楼、圣保罗教堂等都掩映在绿树丛中。

皇后镇被誉为"新西兰的明珠""世界探险之都"，堪称南岛最知名的花园式旅游景区，那深邃的瓦卡蒂普湖、美丽的山林、世界一流的滑雪场、世界第一个蹦极场地卡瓦劳大桥、著名的休特弗河峡谷等，让这里成为新西兰著名的户外活动天堂。

● 皇后镇风光如画

第三章 新西兰："绿色"著称的双岛之国

基督城是世界一流的"花园城市"，这是一座具有英国风情的城镇，东临太平洋，西靠南阿尔卑斯山，坐落于平坦的草地上。"基督城"得名于城里的一座基督教堂，为哥特式建筑。这座城市是19世纪中叶英国移民始建的，整座城的建筑风格完全是英格兰式样。当走在穿城而过的爱芬河畔，当散步于南半球最大的城市公园，当畅游于芳草萋萋的植物园，你可以尽情享受大自然的风光。

● 基督城教堂

新西兰的美还在于有三处世界自然遗产，其中汤加里罗国家公园被联合国教科文组织列为世界文化与自然双遗产。汤加里罗国家公园由鲁阿佩胡火山、汤加里罗火山和瑙鲁霍伊火山组成，这三座火山是当地土著毛利部落酋长于1987年作为礼品赠送给新西兰政府的。这座面积达3.2万公顷的公园，是最著名的火山公园，园中有火山、沸泉、间歇喷

● 火山

● 国家地质公园

泉、滑雪场等。这里最热门的活动是"汤加里罗高山跨越"和"滑雪",还可观赏活火山。在电影"指环王"中,燃烧的熊熊烈火可以摧毁魔戒的末日山脉,就是以这里的鲁阿佩胡火山作为背景拍摄的。从此,这座公园声名大噪,吸引了世界各地的游客前来观光。

新西兰虽小,但它是个旅游大国。名胜还有博尔德海岸、峡湾地区国家公园、库克山国家公园。更有世界上唯一由温泉构成的城市罗托鲁阿。其神奇之地怀托莫溶洞,萤火虫洞中成千上万的萤火虫光倒映于洞水中,如无数珍珠撒落其上,世间罕见,非常震撼!

"白云故乡"新西兰,一个纯净绿色的国度!

"花园之国"新西兰,一个美丽的太平洋岛国!

● 雪山湖泊

| 第三章　新西兰："绿色"著称的双岛之国

奥克兰之晨

头顶蓝天,俯身大海,背靠伊甸山。脚下踩的是凌空飞架的千米海港大桥。这里就是新西兰的第一大城市奥克兰!

站在奥克兰海港大桥,眺望这座繁华的大都市,谁能想到这座城市是坐落在七座死火山堆之上的呢?谁能意识到这里原是一片未开垦的土地呢?

● 奥克兰海港标志物铁轮纪念碑

去大洋洲 | Go to Oceania

公元1350年，波利尼西亚的毛利人漂洋过海3200公里来到此地，看到这里土地肥沃、植物茂密，定居下来，成了奥克兰最早的原住民。公元1700年这里成为贸易的集散地，1820年当撒母耳·马斯丹登陆时发现这里散落着几处村庄，总共不足2000人。1840年，英国政府派威廉·霍布森来此地与毛利人签订《怀唐伊条约》，用6英镑买下，将奥克兰作为殖民地首都。之后，又派来2000英国移民。于是，奥克兰诞生发展起来。

● 殖民时期建筑

100多年过去了，今日的奥克兰已不再是过去的荒凉之地，高楼大厦拔地而起，维多利亚式建筑屹立在海湾，吊车林立的海港一片火热，巍峨耸立的电视塔刺破天空，旧街区和新街区纵横交错，

● 海港

第三章　新西兰："绿色"著称的双岛之国

这座既古老又现代的都市成为"新西兰的门户",被誉为"经济之都""皇后之城""风帆之都",2014年被评为世界最佳居住的城市,位列三甲。

走在女王大街,这是奥克兰最著名、最古老、最繁华的大街。只见街道两边殖民时期的建筑古香古色,雕刻精细。古老的商铺门市依然散发着生机。电影院、咖啡厅、艺术馆人头攒动,摩肩接踵,突显了这座130多万人口城市的引力。而帕奈尔大道这条百年大街依然盛气不衰。19世纪的红砖路,古朴的小洋房,白色庭院,精致的小凉台,突显英国维多利亚时代的风格,仿佛走进英格兰小城。

● 奥克兰主街道

走到海港,天已近晚,灯火辉煌。透过那缕缕灯光,依稀可见停泊的巨轮,堆起的集装箱,高高耸立的万柱桅杆,飞速穿越的帆船……好一派繁华的港口风貌。最抢眼的是老海关大厦,处在海关与阿尔伯特街拐角处。海关大厦建于1889年,依照欧洲文艺复兴时期的建筑风格设计。

上百年来，这座维多利亚风格的建筑，一直守护着海港，成为殖民时期标志性地标。矗立于海港的码头大楼也是奥克兰的标志性建筑，外墙全部用砂岩砌成，铁栏杆护围。这座古建筑曾是英国海关办公署，始建于1912年，典型的英式风格。

电视塔是奥克兰乃至南半球最高的建筑，塔高328米，比悉尼的电视塔还高，被称作"天空塔"。来到这里，已是星空满天，而塔身在夜幕中显得极为壮观和亮丽，为整个奥克兰城区增添了无尽的光彩，成为整个新西兰国家的一大景点和标志性建筑。据电视台的同行介绍："塔顶设有观景台，可眺望大海、远山和城区；还有多种语言的广播，可传送到千家万户；通过高科技设备，可使电视画面传送得非常清晰动人。"

● 电视塔

第三章 新西兰:"绿色"著称的双岛之国

奥克兰依照死火山的地缘,开辟了很多公园,达360多个。著名的有艾伯特公园、奥克兰中央公园、伊甸山公园、独树山公园、南太平洋野生动物园、怀欧艾卡风景保护区等。独树山公园占地120公顷。这里曾是毛利人居住的地方,留有大面积毛利人住宅遗迹及毛利人建造的碉堡遗址。从前,独树山曾有遍野的山林,毛利人痛恨欧洲人的侵占,于是砍伐山上的树木以示报复,只因攀至山顶困难而留下了一棵,且保存至今,独树山因此而得名。

温馨提示

新西兰自然环境优美,旅游资源丰富,是大洋洲除澳大利亚之外第二个旅游热点国家。目前我国去新西兰的人很多,包括赴新西兰留学,也成为中国学生的热门选择。中国和新西兰有着密切的友好往来关系,到新西兰的飞机航线畅通无阻,办理签证也很容易。关于住行,新西兰有14家世界级的星级宾馆,还有很多低价和平价的酒店对外来客人开放。新西兰和澳大利亚一样,是一个悠闲的度假胜地,可以在此居住、养生和休闲。

▶ **去大洋洲** | Go to Oceania

| 第四章　密克罗尼西亚（岛群）：小岛群岛

第 4 章

密克罗尼西亚（岛群）
小岛群岛

密克罗尼西亚（岛群）意为"小岛群岛"，地处中太平洋、大洋洲三大岛群的西北部，绝大部分岛屿位于赤道以北，陆地总面积2584平方公里、人口110万，主要是密克罗尼西亚人。该岛群包含马里亚纳群岛、加罗林群岛、马绍尔群岛、瑙鲁岛、吉尔伯特群岛等。国家包括密克罗尼西亚联邦、帕劳共和国、马绍尔群岛共和国、瑙鲁共和国和基里巴斯共和国共5个国家。还有关岛（美）等一些地区。密克罗尼西尼（岛群）的最大看点有：世界独一无二的无毒水母湖帕劳、"情人之岛"关岛、世界文化遗产纳马杜遗址、有"太平洋上黑珍珠"之称的马绍尔群岛、鸟粪富国瑙鲁、脚踩四个半球之国的基里巴斯……

去大洋洲 Go to Oceania

遗迹密布的密克罗尼西亚联邦

提到密克罗尼西亚联邦,可能有些人不太熟悉,也很难找到它的确切位置。你可打开中国版的世界地图,上下左右折在一起,再展开,处在最中部的地方就是这个国家。

下飞机后,直奔城区。迎面的一座桌山就是这个岛国的地标和象征,当地人称之为"天神"。翻译兼向导沈凤娟介绍到,密克罗,在希腊语中意为"小",尼西亚意为"岛",密克罗尼西亚即为"小群岛"之意。密克罗尼西亚联邦总面积702平方公里,人口11万,坐落在加罗林群岛,由600多个大小岛屿组成,其中波纳佩、科斯雷、雅浦和丘克为4个主要大岛。首都帕利基尔处在主岛波纳佩岛,人口3万余。

随后,沈凤娟自我介绍,她是中国延吉人,在这里已工作18个年头,主营一家"中华之星酒店",是全岛最大的宾馆。曾经接待过国家外长等政要,为中国驻密克罗尼西亚使馆推介的中文讲解员。

走在帕利基尔城区,满眼都是历史遗址,夹杂在住宅、巷道当中,与当地民舍形成强烈的反差。沈凤娟说:"密克罗尼西亚曾遭受到西班

| 第四章　密克罗尼西亚（岛群）：小岛群岛

牙、德国、日本和美国的统治，所以留下了大量历史遗迹，让人们时刻回忆起被侵略的年代。"

我们参观的第一站是西班牙墙遗址。1521年西班牙人登陆密克罗尼西亚以后，修筑了大量工事、要塞、城堡和围墙，防止外侵。如今保留下来的西班牙墙遗址是最好的见证。西班牙墙由石头砌起，高10多米、厚近1米，长数千米，它像一道钢墙铜壁屹立在波纳佩岛，数百年来，经受着风雨的冲刷和日晒。

残破的钟楼遗址是德国人所建。1899年德国人从西班牙人手中夺取加罗林群岛后，大兴土木，修建公路、桥梁、堤道及教堂。德国钟楼是至今保存下来的其中一处遗迹。钟

● 德国钟楼遗址

● 殖民时期教堂遗址

● 西班牙墙遗址

去大洋洲 Go to Oceania

● 战争时期的坦克遗迹

楼虽然摇摇欲坠，破败不堪，但仍显露出德国严谨的建筑风格。

1914年一战爆发后，日军驱逐了德国军队，侵占了密克罗尼西亚，到二战爆发前，修建了很多军事设施，调来了大批坦克和装甲车，镇守该岛。昔日日军屯集的大量坦克今天仍然存留，这些战争遗迹尽管锈迹斑斑，但仍见证了日军当年的侵略行为。当年日本移民迁至这里的人数达9万人，超出当地人一倍之多。

日本二战战败投降后美国进入，遣返了来自日本的移民，又建了不少军事设施，这些遗迹也被保存下来，成为历史的见证。

参观完城区，沈凤娟带我去了博物馆，馆内陈列着大量历史遗迹，其中独木舟引起了我的兴趣，它的年代要追溯到公元前，而且与中国有着千丝万缕的联系。沈凤娟就这只古老的独木舟讲述了密克罗尼西亚的历史。19世纪法国探险家儒勒·迪维尔穿行太平洋，首次将太平洋划分为波利尼西亚、美拉尼西亚和密克罗尼西亚三大群岛区域。密克罗尼西亚人属于南岛语言族群。人类学家认为，说南岛语言的民族大约从公元前500年开始，从中国东南沿海迁徙至东南亚，然后继续向南迁至巴布亚和所罗门群岛。后又从所罗门群岛和瓦努阿图迁向密克罗尼西亚

第四章 密克罗尼西亚（岛群）：小岛群岛

● 当地人展示特有的螃蟹

● 其乐融融

东部的波纳佩岛和科斯雷岛。在迁徙过程中，他们发明了蟹瓜船，这种船在独木舟侧舷外安装横向独立的支架以增加航船的稳定性，可以在海上昼夜持航。所以说，密克罗尼西亚人应该最早来自中国。这一古老的独木舟就是最好的证明。

独木舟具有中国元素，得到了历史的印证。现实中，在密克罗尼西亚还有很多中国元素，中国援建的总统府和总统官邸，中国援建的议会大厦，还有中国援建的体育馆、水电站、示范农场和国立大学等。伴随着历史的车轮继续前行，百年后，这些也将成为历史遗迹，存留在密克罗尼西亚。

巨石钱币，是密克罗尼西亚的又一处历史遗迹，是美国人所制。这

● 中国援建的议会大厦

● 中国援建的总统府

● 国家邮电总局

● 巨石钱币一线排开

种巨石钱币存留在雅浦岛。它的体积有多大呢？手拿不动，人搬不走，是一块巨大的石盘，仅中间的孔洞直径就达3.6米，总重量达8吨。它是世界上体积最大、最为怪异的圆形石币。那么，是谁发明了这种巨石钱币？据悉，是来雅浦做椰干贸易的美国人戴维·奥基夫，他为了激发当地人加工椰干的积极性，雇人在帕劳的采石场采集一种莱石，经过凿刻打磨，做成巨石钱

● 大学入口

第四章　密克罗尼西亚（岛群）：小岛群岛

币,再运至雅浦,用来跟当地人换取椰干。因为雅浦没有莱石这种石灰岩,只能从帕劳运来,更增加了石币的新奇感和贵重性。巨石钱币不能移动,只能放在露天地里一动不动,但随着货物的交换,石币也随之变换所有权。哪块石币归谁拥有,岛上的人都很清楚。因为交换商品时要在公共场所举行仪式,都有专门的记载和标识。这一巨石钱币的出现,成为世界上的一大奇闻,而美国人也顺势发了大财,号称"雅浦王"。这段历史在1954年被改编成电影《奥基夫陛下》。从此,巨石钱币也成了密克罗尼西亚一张亮丽的名片。

　　密克罗尼西亚,扑朔迷离的遗迹,充满着梦幻、奥秘和神奇……

● 密克罗尼西亚联邦地标桌山

去纳马杜岛探访纳马杜遗址

在密克罗尼西亚，最知名的是纳马杜遗迹，它也是整个国家最值得一去的地方，处在首都帕利基尔相反的方向，参观需要一天的时间。

次日，一早启程。波纳佩岛高山延绵，峰峦叠嶂，托托洛姆山海拔791米，为全境最高点。汽车沿着盘山公路，穿越棕榈椰林，经过山寨村舍，跋涉海滩溪流。上午11点多钟，我们来到一片原始森林，纳马杜遗址快到了。司机小川一郎下车走到路边一座农舍，跪拜一位部落酋长，并交了30美元。陪同的沈凤娟说："这里有很多日本后裔，司机就是一名日本人。密克罗尼西亚是私有制国家，所有土地归个人所有，包括土地上的建筑。故而要想进入森林，必须

● 跪拜请示酋长上岛

● 走进原始森林去探访纳马杜遗址

获酋长首肯，并交一定费用。"

获得许可后，我们开始徒步行走。茂密的热带雨林，丛生的树木杂草，潮湿的林间小路，实在太难走了！每前行一步，都要扒开树枝；每迈出一脚，都要小心蛇咬和动物的袭击。穿过一处茅舍，户主热情端出椰汁招待。我仔细打量这里的人，还真有些亚裔人的相貌。这一家是专门守护纳马杜遗址的，每去一人，收取一美元养护费。

● 途经中国援建项目区

再向前走就是无人区了。森林，更加阴森可怕；小路，更加窄小光滑；有些地段需要蹚河涉水。这时，我问沈凤娟："为什么不修筑一条马路？"沈女士说："土地私有，包括地面上的历史遗迹，所以政府无权干涉。"不过，没有修路，

● 穿过林中小溪瀑布

环境就没有被破坏。沿途，你会深切感受到原始的自然！千百年前，这里就是这个样子，一直没有改变，我们仿佛走进一个神秘莫测、奇妙无比的仙境，真正回归了大自然，品赏一个纯净的、古老的、没有任何污染的世界……

到了！纳马杜遗址到了！经过一个多小时的林中跋涉，一座雄伟的石头城出现在面前：让人吃惊！让人震撼！让人感怀！这就是人们幻想中的纳马杜遗址——坐落在四周海水环绕的小岛之上，这个小岛叫纳马杜岛。看吧！凌空屹立的石檐，拔地而起的石墙，宏伟高大的石门，层叠而上的石阶，耸入云天的石柱……片刻闯入你的眼帘，撞击你的心灵，深深吸引你的目光。这，就是纳马杜石城——密克罗尼西亚的象征、地标和名片！

我涉着过膝盖的水，走向这座坐落于纳马杜岛上的历史遗迹。让人难以理解的是，这座古城全部用巨型六角形石条搭建，这在世界上是独一无二、绝无仅有的。这真是一个人间奇迹，望着这片遗址，我听取了当地土著人的讲述。

纳马杜遗址是一处远古朝代的建筑废墟。1595 年，葡萄牙海军上尉佩德罗乘船来到这个小岛，他惊讶地发现了令人震撼的建筑残骸。石墙周长 3440 米，共砌有石条 4328 块，如果把散落的加在一起总共可达 40 多万根。这些石条都是玄武岩柱，由冷却的火山熔岩凝成，每根长 6 米至 10 米，重达数吨。密克罗尼西亚并不产玄武岩石柱，这些石条是从哪里运来的呢？没有人能解释。石条建筑是城堡，是神庙，还是墓地？无从考证。工程没有建成就终止了，到底为何停工？这一切都令

- 踏水探访
- 遗址石门
- 向导介绍
- 遗址中心

人费解！从石条上看，没有花纹、浮雕、文字，由谁所建？建于何年？成了难以破解之谜……

　　沈凤娟介绍说："当地部族酋长应该知道其中的奥秘。酋长们以口授世代相传，并不向外人泄露。当年日本侵占此地时，曾强迫酋长吐露真相，但酋长们不说，最终切断了口述的渠道。纳马杜遗址的成因，也失传了……"

　　而如今，纳马杜遗址已被联合国教科文组织列为世界文化遗产，吸引着今人前去解密。

> 去大洋洲 | Go to Oceania

帕劳，斑斓的海底世界

　　帕劳，由300多个火山岛和珊瑚岛组成的袖珍国家，犹如珍珠翡翠一般散落在西太平洋，是太平洋进入东南亚的门户。这个全国总面积458平方公里、人口仅2.1万的小国，却享有"世界七大海底奇观之首""世界上最清澈透明的海水""世界著名潜水胜地""世界无毒水母之最"等

● 俯瞰美丽的帕劳海岛

第四章　密克罗尼西亚（岛群）：小岛群岛

美誉，海底风光可谓世界闻名。方寸之地，拥有7种不同颜色的海水、1500多种热带鱼类、700多种瑰丽的珊瑚、200多个潜水之地……

这就是帕劳共和国——一个绚烂多彩的海洋王国！

进入帕劳后，第一个节目就是观看无毒水母湖。那里聚集着成千上万的无毒水母，这在全世界是独一无二的。有人说，无毒水母湖是帕劳的"镇国之宝"！

我们从帕劳最大的岛屿巴伯尔道布岛首都梅莱凯奥克城区出发，乘船向着无毒水母湖进发。船头展现了一幅扑朔迷离、梦幻无穷的海景世界：异彩纷呈的海水，绿意盎然的"草帽"小岛，水天合一的无际线条，蒸腾飘逸的云朵……实在太美妙了！仿佛驶进了世外桃源、人间仙境、童话世界。

● 无毒水母湖

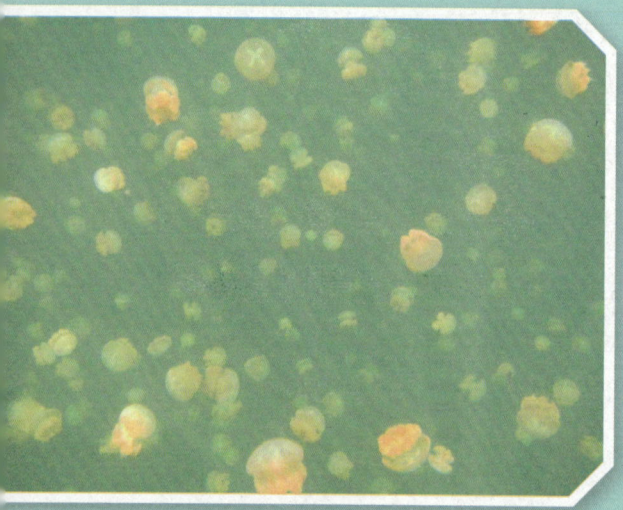
● 水母湖中的水母

● 水母特写

　　经过半个多小时的航程，来到幻想中的无毒水母湖。起先，我以为是陆地上的一个湖。其实不然，它是大洋中海岛上的一个岛中湖，湖水被四周的山石围拢，典型的"海中岛、岛中湖"，像镜子一样平静的湖与岛外汹涌澎湃的海水形成鲜明的反差，一动一静，动静相宜，成为这里的又一大看点。站在湖边，只见大大小小的水母漂浮在水面上，真的是成千上万，密密麻麻，在灿烂的阳光下悠然嬉戏。忽然，一阵黑云飘来，煞时下起雨来。而这些万千小生灵又机智地一个个沉入湖底。穿过清澈透明的湖水，但见一个个水母或爬在岩礁，或隐身水草，或停在石缝，水面只余雨滴跳跃。

　　为什么这里的水母无毒呢？经询问，船公说："这与湖水有关。亿万年前，由于大海中的地壳抬升，形成岛中湖，湖水与海水切断，湖中海洋性生物因失去食物链而逐渐消亡，单单剩下了生命力强的水母。水母本来是有毒素的，用来防卫天敌。由于湖水浅，光合作用强，太阳中的紫外线杀死了这些毒素，为此成了无毒水母。"

无毒水母，因为世界上绝无仅有，成了帕劳的国宝，引来众多的游客前来观赏。仅旅游收入一项就占据了帕劳财政收入的半壁江山。

帕劳，作为海底世界观光之地，还有海底珊瑚、软珊瑚拱门、巨蛤城、德国水道、乌龙水道、席尔斯隧道、蓝洞、蓝角、大断层等海底景观，这些都是值得一去的观赏之地。

最后，船公带我走进牛奶湖。牛奶湖，并非湖中有奶，那不过是一种比喻。当船开进牛奶湖之中，只见湖水白茫茫一片，真似牛奶一般乳白浓郁，黏黏糊糊。一池乳白色的湖水镶嵌在绿树丛中，别有一番诗情意境。湖水为什么似牛奶般炼白？那是因为湖底的火山灰浆所致。据悉，这种岩浆含有多种天然矿物质，有益身体健康。为此，很多游客下水洗

● 潜入牛奶湖尝试牛奶浴

去大洋洲 Go to Oceania

"牛奶浴",将岩浆涂抹在头上、脸上、肩上,满身都是白色……

长滩,是在各类广告中出镜率最高的一处旅游胜地。在蔚蓝色的大海上,两个孤独的绿色小岛之间,一条彩虹状白色弧线划过。强烈阳光下的白沙非常刺眼,而大海蓝得要醉死人……

海底世界多姿多彩,而海上陆地又风情万种,这就是帕劳。男人会堂就是在其他国家很难欣赏到的一种传统的民族建筑遗址。

土著人聚结的男人会堂

男人会堂是早期帕劳土著人聚会的场所。以前每个部族村落都有,现在已寥寥无几,成为帕劳最古老的历史遗迹。我们驱车来到密林深处中的一个村落,觅见保存下来的男人会堂遗址。看上去,整个建筑极有民族特色:倾斜样式的三角形屋架,圆形的岩石地基,茅草修葺的棚顶,象形文字装饰的木板墙壁,其棚屋体积长25米、宽6米、高12米。从字眼上看,女人是不可以进去的。当我低头钻进内屋之后,看到的全部是木质结构,墙壁上

会堂内画廊

第四章 密克罗尼西亚（岛群）：小岛群岛

画满了太阳、月亮、大海、男人、女人、飞禽、走兽和鱼类等图案。据悉，每个图案都有一个故事。在场的村民介绍："这里是土著人的灵魂所在地，每逢大事要事，酋长和要人都聚集在这里，商量、讨论问题。"回望男人会堂，那独具特色的建筑，装载着多少时代变迁的传说和故事，记录了多少历史事件，在风雨中经历了多少日月星辰，得以保存了下来，成为帕劳这个国家古老的象征……

巨石像，是帕劳陆地上的又一大亮点，处在巴伯尔道布岛。驱车来到这里，眼前的景象令人震撼！一大片巨石像冲击着你的视线。有矗立着的，有横卧着的，有栽进土里半埋着的，横七竖八、千姿百态。石人

● 巨石像群

去大洋洲 Go to Oceania

雕像的面目不一，大小不同，形态各异。它们散落在山坡上，在海风中悲鸣，一派凄凉景象，让人充分感受到历史的沧桑……

这又是帕劳的历史遗迹。这些巨石像是由谁、何时、为何建造？至今仍是个谜团，没有被破解。种种猜测、不同版本的传说，使得巨石像更显神秘、奇奥。

帕劳除海底世界、陆地风光外，人文景观也值得探赏。其中"女人钱"是这个国度独有的奇特风俗。在帕劳踏访期间，不断见到女人脖子上佩戴着一串女人钱。这种女人钱是用一根细线穿起的一串类似珍珠样透明的结晶体。色彩有黄色、蓝色、绿色不一，大小不同、长短不等。这种女人钱最早是在帕劳的墓穴中发现的，可追溯到公元前500年，说明它的存在已有2500多年的历史。女人钱现在已经不再流通，但价值连城，比黄金还贵。因为它正在消失，逐渐成为古董，本地收藏的一串女人钱至少可换取3万美金，而且不容易买到。女人钱是尊贵、权力、身

● 议会大厦

| 第四章　密克罗尼西亚（岛群）：小岛群岛

份、地位的象征，因为女人钱的材质、美感及重量是有区别的，就像金银首饰一样。最高贵的女人钱是从金黄色的钻石上切割出来的，最漂亮的女人钱是透明的蓝色或绿色宝石做成的。现在虽然不能作为货币流通，但婚丧嫁娶、新婴出生、房屋建造等重大事件上仍在使用。

在帕劳期间，还参观了总统府、议会大厦、博物馆、雅德马乌瀑布等。

帕劳，不愧为大洋中的游览胜地！

帕劳，不失为"世界海底观光之首"！

● 博物馆

● 瀑布一泻而下

● 踏访原始森林

▶ 去大洋洲 | Go to Oceania

"情人之岛"关岛（美）

关岛，这个西太平洋北马里亚纳群岛中最大的岛屿，登上后立刻给人以春意盎然的感觉：遍地的鲜花、草坪、绿树，平静的港湾、沙滩、大海，洁净的街道、城区、村舍，恬静幽雅、清新爽朗。

我驱车首先来到情人崖，这里简直就是花的海洋、花的世界，山崖、斜坡、山脚，到处都是盛开的鲜花，香气扑鼻，飞飘四方。在红花丛中、

第四章 密克罗尼西亚（岛群）：小岛群岛

绿草地上，数对拍摄结婚照的情侣正徜徉其中，新娘身着飘动的白色婚纱，仿若仙女，降落人间……

拍婚纱照的情侣来自中国、美国、法国、西班牙等，他们选在这个岛度蜜月，太浪漫了！因为这里阳光灿烂、海风柔和、风光旖旎，更有动人的情人崖、情人桥、情人谷……难怪，关岛被誉为"情人之岛"！

漫步在情人崖，只见成千上万的花朵摆满山崖，成千上万的连心锁挂满沟坡，张张祝福语贴满石岗，人们都在为一对在这里跳崖的情人送去祝福、送去祝愿，祈祷他们在九泉之下幸福、安康……

情人崖，得名缘于一则凄美而浪漫的故事——

在西班牙统治关岛时期，当地查莫洛人酋长有一个漂亮的女儿，备受查莫洛人尊崇和爱戴。一天，酋长决定将自己的女儿嫁给西班牙军官。其实，女儿早有自己的恋人，是一位忠厚诚实的查莫洛小伙。但女儿难以抵抗父亲的命令，于是与她的恋人被迫离家出走，跑到关岛北部一个

叫杜梦湾的海岸。两个人把他们长长的头发系在一起,拥抱着翻身跳崖,投向汹涌咆哮的大海中……

杜梦湾就是今天的情人崖。如今,这里成为关岛的一大景观和年轻人拍摄婚纱照的首选之地。

在关岛,还有一处情人桥,也是年轻人追寻的浪漫之地。但这里的故事与情人崖的故事相反,是西班牙军官暗恋上了当地查莫洛姑娘,却遭到女孩父亲的坚决反对,便双双拥抱着从桥上跳下自尽。这里本是一座"双孔古桥",为了纪念这对忠贞不渝的恋人,改名为"情人桥"。

情人桥

情人谷又名塞提湾、月亮湾,又是一处浪漫的海湾,风景极佳,是拍婚纱照最幽静的地方。

关岛,充满着浪漫色彩,也镌刻着战争烙印。

行走在关岛南北,可看到山顶上的阿加尼亚炮台、美国登陆点阿桑湾遗留的潜艇、太平洋战争纪念馆前的鱼雷、鱼眼公园留下的巨

情人湾

第四章 密克罗尼西亚（岛群）：小岛群岛

形海底弹坑、索列达堡中的大炮、残垣断壁的西班牙总督府……

这里曾发生过西班牙人灭杀查莫洛人的事件、美西战争、日美之战等，留下大量的战争遗迹。

最惨烈的战争是美日之战。1941年12月关岛被日军占领后，美日之间进行了多次残酷的战役，双方死伤惨重，1944年7月，关岛被美国夺回。太平洋战争纪念馆中大量的照片和实物，翔实记述了当时美日战争的全过程。

● 战争遗迹

1898年美国与西班牙的战争，也非常激烈。西班牙旧总督府的战争遗迹依然印刻于此。当我来到这里，看到断裂的墙壁、倒塌的房屋、破败的根基，那伤痕累累、满目凄惨，好像战火余烟未尽，炮声犹在耳边，笼罩在悲壮的气氛中……

西班牙旧总督府的旁边已开辟成西班牙广场。广场中央竖立着战争纪念碑，让

去大洋洲 | Go to Oceania

● 西班牙旧总督府

● 西班牙城堡遗址

世人永远不要忘记那段战争史。广场一侧建有圣母玛利亚教堂、巧克力屋和人物雕像,是人们休闲集会的场所。

● 海上鱼眼公园

鱼眼公园是建在海底的一座地下公园,由一条长长的栈道与陆地相通。这个"海底",实际是美日之战时投向大海的炸弹炸出的一个巨型弹坑。所谓"鱼眼",并非真正意义上的鱼眼,而是把"鱼眼"比作弹坑。当我顺海底弹坑的悬梯下到最底层时,依稀可见炸弹炸开的礁石和在

第四章 密克罗尼西亚（岛群）：小岛群岛

礁坑中游动的鱼群。

战争已经远离，过去已成历史。现在的关岛，成了美国强大的军事基地，分别建有海军基地、空军基地和海军航空站，占地 130 平方公里，是关岛总面积的四分之一。这里有核潜艇、战略轰炸机、侦察机、巡航导弹、无人驾驶飞机等多种高精端武器，曾是朝鲜战争、越南战争和海湾战争中轰炸机的出发地。当我乘坐的汽车经过海军基地时，仿佛闻到一阵火药味，感觉心脏像铅一样沉重……

关岛不是很大，有风和日丽的天气，也有阴云密布的日子。全岛像一颗巨大的花生横躺在太平洋中，南北长 48 公里，宽 6 至 13 公里，总面积为 541 平方公里，人口 18 万。为美国海外属地，是美国的非宪辖管制领土。在关岛，我还去了自由女神像海滩、拉提石公园、熊石岩及天然游泳湖。留下较深印象的是拉提石，它记述了查莫洛人的历史，是不可错过的一个景点。

● 提拉石

拉提石位于西班牙广场旁的拉提石公园内，共有 8 根拉提石柱，高度为 2.5 米，是关岛最早的建筑材料。早在公元前 500 年，古查莫洛人已经掌握了用拉提石建造房屋的技术。拉提石由两部分组成，下

去大洋洲 Go to Oceania

部的石柱由珊瑚岩制作，上部的半圆形石帽由半球状珊瑚岬构成。石柱和石帽一凸一凹完美结合，成为支撑房屋的立柱，查莫洛人称之为"拉提石"。查莫洛人在建房时将6至12根巨型拉提石分成两列，并排竖立，然后在石帽上架设木梁、树叶和茅草。房用拉提石的数量代表着房主的身份、地位和权力。在关岛的树林中，如果看到大片拉提石，那定是查莫洛人古时的村庄。现在，政府已将拉提石保护起来，禁止毁坏。拉提石已作为关岛的象征和符号，向外宣传和展示。关岛政府机关办公大楼的广场，竖立着放大了的巨型拉提石，以此显示关岛古老的历史。在旅游商店，首推的就是拉提石图案造型的手工艺品，成为关岛的标识。

关岛，享受蜜月的绝佳之地！

关岛，充溢浪漫的幸福色调！

● 政府办公楼左侧竖有拉提石标识

第四章 密克罗尼西亚（岛群）：小岛群岛

比基尼，痛定思痛的马绍尔群岛

提及"马绍尔"，可能有人不知道这个国家，太平洋中一个名气不大的小小岛国。但是，提及"比基尼"，恐怕人们就有熟悉的感觉了！它是马绍尔共和国的一个岛屿。

提起比基尼，自然会联想到沙滩、海浪、美女，联想到具有视觉冲击的三点式泳装。性感、浪漫的比基尼泳装现已风靡全世界，它的命名和马绍尔的比基尼岛有着千丝万缕的关联。

然而，它是马绍尔的痛苦！它是马绍尔的眼泪！

马绍尔主岛唯一的一条海滨大道，右边为政府宾馆

首都所在的主岛是一条链状海岛，最窄处仅20米宽

/109

去大洋洲 Go to Oceania

20世纪40年代，美国在马绍尔共和国的比基尼岛试验了一颗原子弹，小小的"原子核"爆炸力如此之大，震惊了世人。原子弹爆炸后，法国巴黎一位服装设计师顺势推出了人们意想不到的微型泳装，打出的广告语为："比基尼，世界上最小的泳装！"一夜之间，比基尼传遍全球。从此，比基尼风靡世界，"三点式"也成了比基尼的代名词和符号。

时过境迁，如今，很多人都想不到，风行全球的比基尼三点式泳装的构思，出自马绍尔比基尼岛上的原子弹爆炸！

比基尼是马绍尔共和国34个大岛屿中的一个，处在西北部海域。比基尼是当地语，意为平坦土地上的椰林。岛的面积为5平方公里，原有160多个土著居民，一直过着日出劳作、日落而归的打鱼生活。自美国投放第一颗原子弹后，相继进行过60多次核试验，不仅仅比基尼岛，连同全国其他岛屿与海域都受到了严重核辐射和污染。2006年，马绍尔居民对美国政府提起诉讼，要求美国赔偿5.6亿美元的污染费用。尽管美国每年要赔偿一定数额的环境污染费用，但对子孙后代的损伤是无法弥补的。痛定思痛！今天，马绍尔人民不愿提及美国的核试验，也不愿提及"比基尼三点式泳装"，他们认为那是国耻，会伤害他们的心！所以，在马绍尔，不能谈"三点式"，更不能穿"三点式"泳装下海。

在马绍尔国家博物馆，展出了大量美国核试验的照片，还有人们离井背乡、备受核辐射伤害的镜头，用事实讲述他们

● 马绍尔博物馆收藏的原子弹爆炸照片

第四章　密克罗尼西亚（岛群）：小岛群岛

的灾难、痛苦和不幸，用图像记录核试验污染的严重后果……

马绍尔的灾难，何止一个核试验呢？二战期间，日军强占了这里，大肆抢杀掠夺，几乎杀光了岛上的男人，强奸了岛上的女人，留下一部血迹斑斑、不堪回首的血泪史。马绍尔政府在日军战死之地，专门开辟了马绍尔群岛共和国和平公园，作为二战纪念地标和教育基地，让子孙后代永远记住这段被侵略的历史。

马绍尔，本是一个美丽的国度，处在太平洋中部，是个面积181

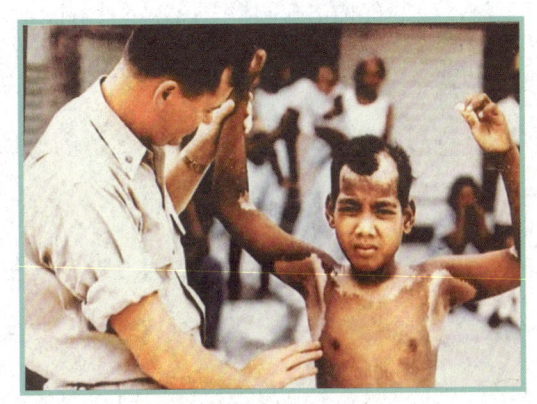

● 比基尼岛民惨遭原子弹危害

● 和平公园

平方公里，人口6.5万的岛国。它由1200多个岛礁组成，分布于200多平方公里的海域上，形成西北至东南走向的两列链状岛群：东部为拉塔克群岛，西部为拉利克群岛。这两列链状岛群像翡翠一样镶嵌在大海中，有"太平洋上的黑珍珠"之称。之所以名为"马绍尔"，缘于英国船长约翰·马绍尔的名字，是他1788年发现了这个群岛。马朱罗作为马绍尔的首都，坐落于拉塔克群岛（又称日出群岛）上的一个C字形环礁上，面积9.7平方公里，人口3万多。博物馆证实，最早出现的马绍尔居民是几千年前由东南亚及中国南方沿海一带驾小舟漂泊而来的人。这些独木舟侧安装了支架，因而早期的马绍尔人以造"独木舟"著称。这应该是中国的元素。

这是在马绍尔的最后一天，四天来，首都所有的地方都去过了，包括总督府、议会大厦、国家博物馆等地。其实，马绍尔首都马朱罗是一条环礁链状海岛，最窄处仅20米，中间是一条公路，环岛走下来只有20分钟车程。

临走前一晚，马绍尔中华协会会长汪福根前来送行。交谈中，汪会

议会大厦

总统府

| 第四章 密克罗尼西亚（岛群）：小岛群岛

长问了一句："咱们到总统家做客吧？"我有些不解：怎么随随便便见总统呢？还需要一系列的申请吧，怎么能说去就去？汪会长看出了我的心思，说："你等一下"。接着，他拿起手机，叽里咕噜说了一番话，我以为他在和哪个大秘联系，谁知，汪会长讲完就站起身来，说："走吧！我和总统通话了，他在家里等咱们！"

真是意想不到，见总统如此简单！

我和汪会长等人沿着环礁公路，消失在漆黑的暗夜里。十分钟车程后，我们来到总

● 总统欢迎到家做客并接受采访

● 华人餐厅

统家。突然，4条大黄狗一齐奔来，阻挡住去路，后经家人驱赶，才顺利走进。这是一个非常普通的农家小院，依海而建。棕榈树下，一张木桌摆满了当地的野果、奶茶和椰汁。听到动静，总统赤着脚走出来，连声说："欢迎！欢迎！"月光下，大海边，椰树旁，我与总统交谈了半个多小时，从中马友好，到两国情谊，从投资贸易，到友好往来，无话不谈。告别时，总统站起来握住我的手说："我非常喜欢中国，2008年我曾去北京参加了奥运会开幕式，留下了深刻印象！"

这天晚上，恰逢马绍尔群岛举办露天音乐歌舞晚会，庆祝民族节。在总统的热情邀请下，我们一睹当地风情。

马绍尔的夜空明净深邃，舞步音乐在海岛飞扬……

马朱罗的岛礁静谧深沉，欢歌笑语在大海飘动……

● 露天晚会现场活泼调皮的孩子们

| 第四章　密克罗尼西亚（岛群）：小岛群岛

行舟伊纳克岛采风

船在大海中飞驶。

渔业是马绍尔的支柱产业。金枪鱼是一种深海鱼类，生长在海平面400米以下，没有受到海水的污染。南太平洋岛国盛产金枪鱼，尤以马绍尔、基里巴斯、密克罗尼西亚联邦和瑙鲁最多，四国约占世界产量的70％，而马绍尔尤以蓝鳍金枪鱼驰名，鱼的全身呈浅蓝色。此鱼肉质细

● 去往伊纳克岛

● 航行中看到配有直升飞机的大型金枪鱼捕捞船

嫩，没有小鱼刺，营养丰富，是国际市场上的抢手货。因此，日本、美国、中国台湾等国家和地区的船队不远万里纷至沓来，云集到马绍尔海域捕捞。由于无节制捕捞，金枪鱼资源持续减少，并面临灭绝的危险。为此，太平洋岛国发出号召，保护海洋资源，限制金枪鱼的捕杀。

● 近距离看捕到的金枪鱼

随着船的行驶，我向船工了解有关金枪鱼的情况。

站在船头眺望港湾，可见很多外国金枪鱼捕捞船队，以日本居多，都是现代化的捕捞技术设备。我看到很多写有日文的庞大海轮，上面停靠着红色直升飞机。而当地渔民，出海三个多小时才能捕获一条金枪鱼！……那一刻，我仿佛听到金枪鱼的哀鸣与求救！

第四章 密克罗尼西亚（岛群）：小岛群岛

经过30分钟航程，来到伊纳克岛，岛上很多椰树，房屋、农舍掩映在椰林之中，我深入住户踏访。这是一家祖孙三代的家庭，以打鱼为生。老农今年63岁，他介绍了当地的一些习俗。

早年，马绍尔共有12个部落，为母系社会，一切均按母系分配。男女长到15岁就要举行成人礼，如男子剃光额发，女子刮眉，表示到了思春期。在部落之间可以通婚，但一般都是姑表或舅表亲较多。人们都有纹身的习俗，通常认为纹身是神圣的。在举行纹身仪式时，人们会捧着祭祀品，唱着祈祷歌，跳着敬神舞，场面宏大。

● 土著人住屋

午餐时，老农特意拿出当地特产椰子蟹招待。椰子蟹的两条前腿力气特别大，它可以将椰子果的壳夹碎，其肉非常鲜嫩。餐桌上摆的是海鲜宴，有龙虾、螃蟹、飞鱼、金枪鱼、苏眉鱼，外加刷牙果、面包果等，还有烧烤。老农在这里已住了50多年，他说："因为美国每年拨付大批资金补偿辐射带来的污染，所以岛上的人消费水平很高，生意很好做。此岛大约有300多名中国人，他们大都开出租、办加油站、开超市等。"

马绍尔群岛的大多数海岛归私人所有。在这个名为伊纳克的小岛踏

去大洋洲 | Go to Oceania

访，感到景色太美了！小岛大约有 4 个足球场大，四周由白沙滩围绕，海水清澈见底，椰林遍布，真是一个世外桃源。岛上住着一对老夫妇，他们正在挤压诺丽果。老人说："这个小岛太幽静了，很多外国游客专门到这里来居住消闲，远离喧嚣。"他指着海边的木屋说："那是专为客人建造的海景房，吃嘛，林子里有面包树，海里有鲜鱼鲜虾，渴了，有的是椰子汁，纯天然的！"说完，老人哈哈地笑起来。他们富足悠闲的生活真令人羡慕！

● 美丽的伊纳克岛海岸

| 第四章　密克罗尼西亚（岛群）：小岛群岛

鸟粪富了世界最小岛国瑙鲁

飞机正在靠近瑙鲁，世界上最小的岛国。从机窗向外眺望，茫茫大海中隐隐约约出现了一个小小的圆点，那就是瑙鲁，它被称作"太平洋上的一个大头钉"一点都不夸张，太形象了。

瑙鲁是个独岛，它的周围没有任何附属岛屿，孤零零坐落于太平洋中，这在太平洋岛国中是绝无仅有的。瑙鲁不仅是世界最小的岛国，也是世界最小的国家之一，排名在梵蒂冈和摩纳哥之后，为世界第三小国。

飞机接近瑙鲁，那是一个椭圆形的珊瑚小岛，四周全被大大小小参差不齐的珊瑚礁石所环绕。岩礁像石林，像黑玉，或矗立在蓝色海面，或屹立在白色沙滩，千姿百态、鬼斧神工，把瑙鲁小岛装饰得像一幅美

丽的画卷，铺展在太平洋中，犹如人间仙境……

飞机呼啸着降落在瑙鲁共和国机场。没想到瑙鲁这样小的国家机场修建得相当不错，跑道边停靠着写有"瑙鲁航空公司"的波音737飞机。对面豪华精致的总统府和议会大厦，这在其他岛国也不多见。不远处海岸线边停靠的瑙鲁万吨级远洋海轮，更显示出这个小小岛国的实力非同一般！

汽车在环岛上行驶，地陪捷弗瑞·托玛讲述了瑙鲁的概况。"瑙鲁"一词源于瑙鲁语 Anaoero，意为"我去海滩"。早在公元前3000年前，就有土著人居住。1798年，英国船长约翰登陆该岛，命名"可爱的岛"。1842年，英国人威廉·哈里斯登陆后因这里美丽的姑娘而动心着迷，便定居下来。前总统勒内·哈里斯就是他的后代。瑙鲁全国总面积21平方公里，比北京的首都机场还小，人口9200人。这个独岛四周环礁，中间为台地。岛长约6公里，宽约3.5公里，周长约19公里，环岛一圈仅需20分钟车程。全岛海拔最高60米。因为国家太小，岛名、国名、首都名通通称"瑙鲁"。而这个弹丸之地的小岛国，有"天堂岛""舒适岛""无土之都""赤道之国""磷酸盐（即鸟粪）之国"的称谓，特别因为鸟粪，让瑙鲁成为世界上最富裕的国家之一。

第四章 密克罗尼西亚（岛群）：小岛群岛

汽车穿过一片林地，停靠在鸟粪挖掘现场，让人大吃一惊！怎么这么多鸟粪啊！太震撼了！旷野中，只见岗坡、谷地、土沟，全是密密麻麻的鸟粪，整个岛屿几乎全被鸟粪覆盖，挖掘现场的大坑有10米之深！

那么，这些鸟粪是怎样形成的呢？据现场的开采工人介绍，瑙鲁是个独岛，其他岛屿均在500公里以外。为此，这个孤单的小岛成了周围海鸟唯一的栖息之地。千百万年来，每到晚上，成千上万的海鸟飞落这里，留下大量的鸟粪，多得惊人！经过日积月累层层堆积，漫长的化学变化和地质作用，形成天然优质肥料，工业上称之为"磷酸盐"。但岛上的居民并不知情。1900年，有一个海员好奇地将瑙鲁岛上的一块纹路精细的疆石带到澳大利亚作为纪念品送给朋友，哪知经过化验才发现是一块由鸟粪发生化学变化而成的磷酸盐矿

● 鸟粪矿石

● 鸟粪加工厂

去大洋洲 | Go to Oceania

● 鸟粪加工流水线

● 装船外运

石。为此，小小岛国瑙鲁一夜暴富。粪土变成金！自此瑙鲁开始挖掘鸟粪用于出口，年出口量曾达到100多万吨，销往日本、澳大利亚、英国、

| 第四章　密克罗尼西亚（岛群）：小岛群岛

新西兰等国。20世纪七八十年代，产量最多的时候，年获利上亿美元，人均1.5万美元。现在年产量在60万吨左右。

在鸟粪开挖基地，建有直通鸟粪加工厂的专用公路。沿途，只见传送带、粉碎机、旋转炉、大气罐，比比皆是，尤其在海上架设的高空传送机械十分先进。据悉，采矿场和加工场的操机人员大部分来自中国和基里巴斯。

瑙鲁靠鸟粪带来大量收入，瑙鲁政府未雨绸缪，投巨资在澳大利亚墨尔本建造了52层的瑙鲁大厦，是当时全市最高的建筑，为预防海水上涨淹没岛屿而早做准备。与此同时，他们还在美国俄勒冈州购买了250公顷森林，在所罗门群岛建了酿酒厂，在华盛顿购买了商业大厦……但由于磷酸盐出口大幅减少，瑙鲁经济迅速下滑，瑙鲁大厦已被抵押还债，瑙鲁国家现在主要依靠举债和外援生存。

瑙鲁政府实行免费住房、医疗、上学、养老等等。瑙鲁人，成了世界上幸福指数最高的人群之一。沿路可见，瑙鲁人一个个悠然自得、喜笑颜开、无忧无虑、体肥健壮，很多人衣服上写着"EAT、SLEEP、TRAIN"即"吃饭、睡觉、运动"字样。据介绍，瑙鲁人天天大鱼大肉，因营养过剩而成为世界上最肥胖的人群。政府一再呼吁国民节食，

● 瑙鲁人显示幸福指数的上衣写着"吃饭、睡觉、运动"

但效果甚微。

鸟粪富了国家，也富了百姓。但同时带来一些负面的影响。比如瑙鲁人的肥胖，随之而来的是高血压、高血糖、高血脂。而政府也出现了腐败现象。一位前总统因贪腐严重，引起人们不满。深夜，一名男子悄悄溜进总统官邸，一把火烧毁了整个建筑，让这里成为一片废墟。另外，为了掌控国家经济命脉，把控住鸟粪这个矿产资源，瑙鲁政府官员频繁更迭，总统宝座不断换人，曾出现过10天换了三次总统的世界奇闻。争权夺势,互不相让。哈里斯曾三次荣登总统宝座，而多威约戈更胜一筹，曾7次加冕。总统的更迭、争夺，使得鸟粪即磷酸盐矿无序开采，资源遭到毁灭性的破坏。

在开挖现场，在采矿基地，满目悲凉。只见那废弃的矿坑，白哗哗的石碴，裸露的山石，遍体鳞伤。那被砍伐后的大片树墩，被烤焦的黑色山体，无枝可依的飞鸟，在旷野中悲鸣！

● 总统府近景

第四章 密克罗尼西亚（岛群）：小岛群岛

瑙鲁的生态环境遭到灭顶之灾，磷酸盐资源急剧减少，鸟粪的出口量由原来的每天4艘万吨货轮出运减少到如今的每天一艘！

当瑙鲁政府意识到这一局面后，决定另辟蹊径：一方面利用存留的资金打造旅游品牌，另一方面收纳难民增加经济收入。

瑙鲁尽管因岛粪而破坏了一些生态环境，但它却不失为一个神秘之地，天然的自然景观，别样的风土人情，是其他海岛无法比拟的，吸引着国外游客，前来这个太平洋之中的"天堂岛"观光。

为了领略瑙鲁岛的迷人风光，在地陪引领下，我做了一次环岛之旅。阿尼巴雷湾是瑙鲁最漂亮的海岸。白色的沙滩，黑色的珊瑚石林，湛蓝色的大海别有一番风韵；安娜角的椰林幽雅、恬静，花草芳香；瓦博埃海岸是传教士登陆之地，政府将这里整修一新；斑驳的石碑和古朴的教堂记录下瑙鲁的悠久历史；布阿达湖是瑙鲁的一张名片，精心修整后像

● 平静而美丽的布阿达湖

> 去大洋洲 | Go to Oceania

一颗明珠镶嵌在绿树之中，成为瑙鲁靓丽的景观。瑙鲁环岛的14个村庄，每处农舍都展示了它的当地特色，尤为值得点赞的是艾沃城区的一条环岛公路、一家旅馆（即艾沃宾馆）、一家赌城、一家邮局、一家医院、一家康复中心、一家超市、一所学校、一条街道……彰显瑙鲁的特色，这里没有报纸、没有广播、没有电视台，被戏称为"一个没有新闻的国家"，这里没有军队，没有首都，亚伦只是政府机关的所在地，建造得很有现代气息！环岛之旅，不断遇到外国游客，以欧洲人居多。

自接纳外国难民之后，瑙鲁岛渐渐热闹起来，一所所难民营建在密林、海边，不同肤色不同语言汇聚于此，也吸引了外国游客。我与一些难民交流，他们分别来自阿富汗、巴勒斯坦、伊拉克、印尼等国家，他们希望度过非常时期后再重返祖国。据悉，目前岛上已收容难民3000多人，这是一笔很可观的经济收入。

伴随着矿产资源逐渐枯竭的瑙鲁，有一部沉甸甸的血泪史。早年瑙鲁先后被英国、法国、新西兰入侵。1914年11月，澳大利亚占领瑙鲁，看中的就是鸟粪资

● 传教士登陆纪念柱

● 解放纪念碑

源。殖民者为了开发岛上的鸟粪，曾强令瑙鲁人搬迁到澳大利亚东海岸柯蒂岛上去。1942年，日本向太平洋岛屿开战，夺取瑙鲁。为大量掠夺磷酸盐矿产资源，日军架着刀枪将岛上仅有的1600名居民全部驱逐到千里之外的特鲁克岛，他们大多被迫害致死。幸存的岛民得知日军战败投降的消息后，漂洋过海，重新返回自己的家园，这时已是1946年1月31日。为此，瑙鲁人将这一天定为"瑙鲁解放日"。为了不忘国耻，瑙鲁专门建造了解放纪念碑，记述岛民被迫离开家园、被掠夺鸟粪资源这段历史。

伴随着瑙鲁鸟粪的兴衰，瑙鲁人也给外国人带来商机。这里环岛而建的300多家饭店和商店几乎全由中国人开办，没有一家本地人开办的经营性门店。而出租车司机、打工者也几乎被中国人包揽。来自广东台山的李永瑜开出租，每天挣500元，张园军开面包店，一个月赚3

万多元。这里的梅南酒店,是全岛最大的饭店,由中国人开办。来到这里时,恰遇当地人举办婚礼,酒店来了很多人。婚礼之余,还举办了拔河、卡拉OK、吃饼干比赛等活动,甚是热闹。

● 拔河比赛

● 吃饼干比赛

| 第四章　密克罗尼西亚（岛群）：小岛群岛

脚踩 4 个半球的国家基里巴斯

无边的天际，浩瀚的大海……

机翼下，一条绿色的环岛出现在太平洋，这就是基里巴斯，这又是一个即将被海水淹没的国家……

只见海浪吞噬着沙滩，海水拍打着堤岸，线形环岛几乎沉入大海……

飞机降落。基里巴斯机场大厅外观像一座庙宇，颇有中国特色。据了解，这是中国援建的。

基里巴斯是太平洋中部的岛国，共由 33 个岛屿组成，主要有吉尔伯特群岛、菲尼克斯群岛和莱恩群岛三大岛群，从东部著名的圣诞岛到最西部的巴纳巴岛，分布于赤道上 3870 公里海域，国土总面积 811 平方公里、人口 10 万，是世界上国土面积最分散的国家。其中"圣诞岛"是世界上面积最大的环礁岛，各岛均为环礁岛，最高海拔仅高出海平面 1.8 米。它和图瓦卢、瓦努阿图等岛国一样，面临着被淹没的命运……

离开机场后向首都塔拉瓦行驶。首先映入眼帘的是海边人工栽种

● 从飞机上俯瞰将要淹没的基里巴斯

第四章 密克罗尼西亚（岛群）：小岛群岛

的红树林，那是总统带头栽种的，总统倡导人人栽红树，以防沿岸海水侵蚀海岸。塔拉瓦坐落于吉尔伯特群岛中的塔拉瓦环礁岛上。延绵海上一条50公里长的环礁围成一个三角形，中间是泻湖。塔拉瓦环礁由24个小岛组成，东、南两边分别长33公里和22公里，西边是连绵不断的暗礁，中间有深水道通向泻湖。位于西部的贝蒂奥岛，岛长3.7公里，宽0.5公里，面积1.18平方公里，是塔拉瓦最大的岛礁，首都就坐落在此岛。汽车行驶在环礁公路上，给人的感觉好像走在一条50多米宽的大堤上，一边是大海，一边是泻湖。路边丛林中建有低矮的茅草房。这里经济较落后，资源贫乏，被联合国公布为世界上最不发达、最贫困的国家之一。尽管贫瘠，这个国家的人们仍尽一切力量，抗击着海水的侵袭……

● 岛民筑坝阻挡上涨的海水

面临淹没，这是逃脱不了且无法回避的现实！随着汽车的前进，深深体会到这一问题的严峻性。人说无风三尺浪，这里的海拔仅1米多，地面几乎与海平面持平，

去大洋洲 | Go to Oceania

怎能承受起大浪的袭击呢？只见农舍与海水近在尺咫，有的房屋已经塌陷在水中，摇摇欲坠……路上，不断看到沿海堆起的防水堤坝、防水土墙、防水麻袋……目前，已有两个岛屿被海水吞噬！

据悉，这里海拔比图瓦卢还低，将是最先被淹没的国家，这也引起国人的警觉，寻找出路。2014年9月，基里巴斯一名年轻人面对国家将被淹没的现实，跑到新西兰提出避难要求，一时间成了全球性新闻。这是世界上第一次因"生态环境恶化"而提出的避难请求。基里巴斯总统在联合国大会上多次郑重提出：保护环境，防止海水上升，保护我们的家园！该国一位水利专家曾做详细测定和观察，列出了基里巴斯被淹没的时间表……

"基里巴斯不能从地图上抹掉！它是世界上唯一脚踩4个半球的国家，既地跨赤道又横越国际日期变更线，这在世界上是独一无二的！"当地向导兼翻译夏女士说。

转眼，议会大厦出现在眼前，在议会大厦前的广场中央，立有基里巴斯全国地形示意图石盘。图上突出了赤道线和国际日期变更线从该国穿越及两线的交叉点。夏女士指着图表介绍："赤道线和国际日期

议会大厦及前方圆盘上的全国地形示意图

第四章 密克罗尼西亚（岛群）：小岛群岛

变更线从我们国家相交通过，基里巴斯成为世界上绝无仅有的横跨地球东西、紧连地球南北，同时脚踏4个半球的国家。东半球、西半球和南半球、北半球同时在一个国家出现，成为基里巴斯在世界上最大的亮点！"说完，夏女士接着深情地说："所以，我们可爱的祖国基里巴斯，不能从地球上抹去！"

● 面对海水上涨，岛民从容淡定

基里巴斯政府在议会大厦特意展示"脚踩4个半球的示意图"，意义深远，目的在于呼吁世人保护环境，防止地球变暖，渴求基里巴斯国家的存在……

基里巴斯，因脚踩4个半球，出现了诸多特殊的现象和有趣的传闻。

国际日期变更线是1884年划定的。变更线从这个国家中间穿过，该线两侧正好时差一天。为此，这个国家需要用两本日历，线东和线西不一样，成了世界上唯一使用两本不同日历的国家。夏女士讲述这样一个有趣的故

/133

去大洋洲 Go to Oceania

事:"有一年元旦,一个双胞胎孕妇乘船划行,先生下第一胎,当穿过国际日期变更线后生下第二胎,那么两个孩子的岁数不仅差了一天,还相差了一年。"

赤道线有时会出现两种不同的奇特现象。每当春分和秋分,站在赤道,头上恰是顶着太阳。如果站在赤道线南北,或者说分别站在南半球和北半球,太阳的位置就不一样了。同时地球的引力也不尽相同。有人做过实验,拿一个装满水的漏斗,让水下流,将一根火柴放进去,在赤道线南北,旋转的方向相反,而在赤道线,火柴则停止转动。

离开议会大厦,继续沿环岛前行。全国仅这一条公路,没有十字路口,没有红绿灯,交通警察就更谈不上了。穿行在路上,两边的村落、建筑直到大海,看得一清二楚。先后经过总统府、总统官邸、体育场、原中国驻基里巴斯大使馆、

● 舞女广场上的舞女雕像

● 与国立小学天真可爱的学生们在一起

| 第四章　密克罗尼西亚（岛群）：小岛群岛

舞女广场、大教堂，这个人口仅 10 万人的国家尽收眼底。除国家机关外，这里没有像样的建筑，没有蔬菜水果，没有公共汽车，没有电视台。沿途，尘土飞扬。而这里的人基本打着赤脚，衣衫褴褛，或流落街头，或躺在吊床上，或群集教堂。

当来到国立小学，一群天真可爱的孩子正走出校门。而他们是否知道自己的祖国将从地图上消失……

基里巴斯有一所海事学校。一名学生告诉我："毕业后我们将成为一名海员航行世界各地。我们要作为一台播种机，向全世界传播：我们

● 海事学校海潮监测室

的国家将要被淹没，保护环境人人有责！"

在基里巴斯，还有一个看点为日本战争遗址，那是无声的二战教育基地。沿途，看到了很多二战期间日军留下来的作战碉堡、炮台、工事、要塞等，还有多处设立的战争纪念碑。二战中，日本将基里巴斯占领后

去大洋洲 | Go to Oceania

作为战略要地，修建了轰炸机起落机场，建造了作战指挥中心。这里曾发生过太平洋战争中最惨烈的一仗。那是 1943 年 11 月 20 日，美国调集重兵向占领塔拉瓦岛上的日军开战。战争打响后激战三天三夜，日军战死 4700 名，美军战死 1500 名，血流染红大海，最后日本战败。这是一场世界闻名的"血战塔拉瓦"战役，已载入世界战争史册。

基里巴斯，世界上最贫困的国家之一；基里巴斯，二战时期伤亡和损失最惨重的岛国；基里巴斯，世界上即将被海水淹没的国家……

基里巴斯是艰难的。

战争遗迹　炮弹筒

大炮台　墙上弹孔

第四章　密克罗尼西亚（岛群）：小岛群岛

乘船踏访坦布奇岛

小小的基里巴斯，诸多事件牵动着世人。不过，基里巴斯是一个美丽的国度，有着迷人的风光，特别是一些无人小岛，有如人间天堂。

翌日，在夏女士的带领下，我从机场附近的比凯尼贝鸟岛出发，乘坐一叶木舟，去到坦布奇岛踏访。

蓝天、白云、大海、绿岛。木船在轻轻地摇动，波浪拍击在岛岸上。远远望去，坦布奇岛好像就要被大海吞噬。船公对我说："这个岛一天比一天小，都是海水上升造成的。目前，有很多岛礁被淹没，岛民不得不搬迁。"这位船公还告诉我，他们一家人就是从外岛搬迁到首都的，而首都也面临着被淹没的危险，真要有那一天，他们全家就只能搬迁到国外了。

一个小时船程，坦布奇岛到了。

这是一个非常美丽的小岛，归

● 自己垒起的堵截海水坝

去大洋洲 | Go to Oceania

● 忙碌中的岛上主妇　　● 与岛民共进午餐

属私人所有，女主人叫瑞泰塔。岛上搭建了4处水上观景木房，开辟了游泳沙滩，整修林中公园，供游人前来休闲。她的丈夫是澳大利亚人，三儿二女都在澳大利亚上学。午间，我做客于瑞泰塔女士家共进午餐。当提及海水的淹没，她很淡定，早已做好全家搬迁澳大利亚的准备。

进餐中，我向瑞泰塔问起该岛的前景，她说："搬迁和搬迁后的生活需要一大笔资金。现在要紧的是多挣钱，所以，要吸引更多的游客来岛上参观。岛不大，森林、沙滩、草地却充满原始风光，林中还有不少动物。"我问："这里是否可以买卖岛屿？"瑞泰塔说："当然可以，但是我这个岛卖不出去，因为面临着被淹没，即使卖，也不值钱了。"

| 第四章　密克罗尼西亚（岛群）：小岛群岛

跋涉塔鹏特凯凯岛

第三天，在夏女士带领下，沿环礁公路北上，路过机场，穿行更加贫瘠的农舍，来到一处堆满石头的海边。我挽起裤腿，蹚着超过膝盖深的海水，走向塔鹏特凯凯岛。

这里又是一个非常幽静舒适的海岛。与坦布奇岛不同，这个岛上有一个村落，名为阿巴陶村，共住有20多户村民，住房全部是茅草搭建。

● 涉水去塔鹏特凯凯岛踏访

去大洋洲 | Go to Oceania

据说这种低矮的草舍可以遮挡强烈的日光和暴雨的冲击。

穿行在茅草房间,好像走进原始部落。只见村民有的用棕榈树枝编筐,有的用椰子树皮制席,有的打磨石质鱼钓,有的制作枝条木筐鱼笼。这里完全保留了基里巴斯土著人传统文化,自古至今,一直延续到现在。

在向导夏女士的带领下,我首先走进一处茅草房,与他们一家人坐在一起聊天。这是一户拥有12口人的大家庭,主要靠打鱼为生。餐桌上放着生鱼片和烤熟的香蕉,这就是他们的主食了。主

参观做鱼手艺

观看编织技术

第四章 密克罗尼西亚（岛群）：小岛群岛

人说："吃生鱼是习惯，这样营养价值更高，但也有把鱼煎熟和烤着吃的。"我去了另一间茅草房，只有一张木床，是主人大女儿的住所，整洁而干净。

穿过原始森林，我来到酋长家。酋长很热情，他特意搬出了打鱼的竹篓，那是一种传统的打鱼工具，他说："我们祖祖辈辈都是用这样的竹篓捉鱼，很好用。"走出草屋，酋长还特意为我演示了传统的编织技术，这也是祖先传承而来的。

午餐是酋长安排的。餐桌上摆满了生冷的食物，有生金枪鱼、生龙虾肉、生蟹肉，还有象牙果、烤香蕉、水煮鱼等。

● 岛上只有一所茅草房小学

第四章 密克罗尼西亚（岛群）：小岛群岛

让人没能想到的是，这里还有一所学校，午餐后我特意走进这所学校。学校没有围墙，没有操场，只有三间草棚。透过窗口，看到教室中没有桌子板凳，没有黑板，没有讲台，只是一个个小土堆，用来学习写字，太简陋了。酋长介绍说："海岛不大，没有多少孩子。大一点的都去首都上学。"我问怎么过去，酋长说："每天蹚水，越过一个峡湾，就是首都了。"

日落西山，我离开塔鹏特凯凯岛，去观看一场土著人表演。

温馨提示

去密克罗尼西亚（岛群）一般情况下从北京或广州起飞，到菲律宾首都马尼拉转机，或从澳大利亚或斐济转机，没有直航是因为去这些岛国的人不是很多。这些岛国相比澳大利亚和新西兰来说较为陌生，人们甚至叫不出名字。但生疏的背后是奥妙，这些岛屿确实有神秘的一面，很值得一去。尽管距离我们较远，但华人不少，有中餐馆。住宿条件不尽相同，有的国家条件略差，如瑙鲁、基里巴斯，全国只有一家旅馆，而且很小，不过也别有一番风味。

▶ 去大洋洲 | Go to Oceania

第五章　美拉尼西亚（岛群）：黑人群岛

第 5 章

美拉尼西亚（岛群）
黑人群岛

美拉尼西亚（岛群）意为"黑人群岛"。地处西太平洋、大洋洲三大岛群的中部，在赤道与南回归线之间，陆地总面积 15.5 万平方公里、人口 160 万，主要为美拉尼西亚人，肤色黝黑，头发卷曲。该岛群包含俾斯麦群岛、所罗门群岛、圣克鲁斯群岛、新赫布里底群岛、新喀里多尼亚岛和斐济群岛。国家包括所罗门群岛、瓦努阿图共和国、斐济群岛共和国 3 个国家。美拉尼西亚（岛群）的最大看点有：美日作战遗址、坦纳岛上的活火山、太平洋岛国地区的交通枢纽楠迪、南太平洋历史最悠久的皇家旅馆、著名的土著人老酒"卡瓦酒"……

▶ 去大洋洲 | Go to Oceania

"太平洋上的明珠"所罗门群岛

晴空万里，碧波荡漾。

飞机降落在所罗门群岛首都霍尼亚拉国际机场。

太平洋的海风，吹乱了头发，吹动了衬衫。

刚走下飞机舷梯，汗液便浸湿了衣背。

热浪侵袭、潮湿裹挟，高温的冲击让你仿佛走进蒸笼，喘不过气来！

所罗门首都机场修建得高大雄伟，颇有气势！

汽车很快进入市区。所罗门群岛，展现出一番独特的风景。看不见高楼，望不到大厦，视线所及皆是一些低矮的建筑。陪同踏访的是所罗

第五章 美拉尼西亚（岛群）：黑人群岛

门群岛旅游部门的一位经理，名叫罗卡尼。他一边介绍路边的建筑，一边讲述所罗门的概况。

所罗门群岛处在南纬5°~12°，东经155°~177°，共有990个岛屿，其中50个岛屿有人居住。陆地总面积28450平方公里，总人口53万。最大的岛屿为首都所在的瓜达尔卡纳尔岛，面积6475平方公里，人口7万，其中华人占十分之一。所罗门群岛被誉为"太平洋上的明珠"。

所罗门群岛历史悠久，早在3000年前就有土著人居住。1568年，西班牙航海家门达尼亚抵达这里时，看见土著人身上都佩戴着黄金饰物，以为找到了《圣经》中所罗门王的黄金库，于是将这里命名为"所罗门群岛"，这就是国名的来

● 古老的议事亭

源。19世纪,这里成了英国的殖民地。1942年,日本军队跨海而来,占领了整个国土,所罗门群岛上的人们失去了自由。之后美国向日本宣战,美日之间在此展开了一场殊死战斗,最后日军败退,美国取胜。为此,所罗门有"幸运之岛"的称谓,1978年所罗门宣布独立。

罗卡尼介绍完后说:"所罗门最能引起世人反思的是美日之战,这里是第二次世界大战在太平洋的转折点所在地;最能体现地理特点的是,它是东半球和西半球的分界线;从内海面积来计算,所罗门的内海为世界最大。"

谈到治安环境,罗卡尼讲:"所罗门尽管经济不甚发达,但几乎没有抢劫盗窃者,非常安全,不管在海岛什么地方,你只管放心地漫步、游览,都不会受到伤害。这里生态环境也非常好,森林覆盖率高达90%以上。"

所罗门主岛瓜达尔卡纳尔岛形状像横躺的蚕茧,东西长150公里,南北宽50公里,境内多高山。而首都霍尼亚拉自然是山城了。

汽车沿着弯弯的山路,攀爬到山顶一块平地,这里耸立着高入云天的石碑,那就是美国战争纪念碑,碑高达数十米,是为纪念美日战争期间死难的美国官兵而建。碑前,雕刻着牺牲者的名字,

● 民族英雄纪念碑

● 所罗门群岛美国抗日战争纪念碑

第五章 美拉尼西亚（岛群）：黑人群岛

诉说着战争的经过。纪念碑居高临下，一览众山小！

汽车缓缓开下山，当下降到与海平面几乎持平的一块陆地时，见到一处非常低矮的纪念碑，原来那是日军战死者纪念碑。碑高不足两米，碑后刻着日军战死者名字。2014年初，日本首相安倍晋三专程来到这里祭魂，引发岛民的不满和抗议。

行走在所罗门的首都，看到很多战争遗迹，抗战英雄纪念碑遍布。期间，瞻仰了当地居民抗战纪念碑；缅怀了当地作战英雄纪念碑；参看了警察纪念碑等。据介绍，警察纪念碑下埋着许多武器。这些纪念碑都唤醒人们：要和平，不要战争！

小小的所罗门群岛主岛，散发着浓烈的战后气息，引外来客人反思。人们不能不追忆战争创伤，探寻昔日战争留下的伤痕。一个经历战争的国家，一个大伤元气的国家，一个远离大陆的岛国，恢复建设谈何容易？随着时间的流逝，所罗门依然是全世界最不发达的国家之一。

走在所罗门群岛首都大街，看不到像样的高楼，只有一座6层建筑是这里的最高楼。

如果寻找首都的地标，无疑要算国会大厦了。国会大厦坐落在城区的半山腰上，为伞状圆顶，寓意"圆圆满满"。走进国会大厦大厅，却

国会大厦

空无一人。守门人员说:"此届议会已到期,50 名议员已落任回家,新一届正在竞选,谁能当选还是未知数。"国会大厦对面为二层高的政府办公楼,不远处是总理的住宅,从这里可以俯瞰整个城区,一览无余。

在霍尼亚拉城区,又参观了圆顶教堂、警察纪念公园、国家博物馆、中心市场、工业区、教育机构,最后来到唐人街。

整个城区没有几条宽马路,而唐人街却是宽敞又幽长。街道两旁,有华人商场、华人饭店、华人学校、华人住宅。在唐人街一家商店,我

● 国家博物馆木雕像

● 唐人街旁的美人鱼雕像

● 主街道边的民族园特色门

| 第五章 美拉尼西亚（岛群）：黑人群岛

走访了一位华人张德贵，他说："我爷爷早年从广东来此经商，现在已繁衍五代，我们已经习惯了这里的生活。所罗门的华人很多，有个华人协会，我们在这里并没有受到什么歧视不公，何况中国现在强大了，我们很关注祖国的发展。"

返回的路上，我去了文化民俗园，这里聚集了很多人，时而歌舞，时而有人大声讲话，时而又播放起音乐。原来，这里正在拉选票，竞选国家领导人，场地上围了很多人。

下榻的宾馆处在海边，入住者多是欧洲人。宾馆设施很全，泳池、浴场、酒吧，一应俱全。透过宾馆看所罗门并不落后，很现代。

● 首都唯一的市场

航海萨沃岛

清晨,所罗门主岛瓜达尔卡纳尔岛是如此美丽!一束晨光从浓绿的棕榈树缝隙中透射出来,平静海湾染上一片霞光,白色的沙滩上孩童在戏水,构成一幅诗意般的图画。

所罗门的霍尼亚拉,这个南太平洋地区妩媚多娇的海滨城市,散发着强大的吸引力。有人称赞该岛是"幸运之岛""美妙之岛"。

今天乘船去所罗门另一个岛——萨沃岛。

早晨8点,从驻地出发,穿过城区西行,沿着环岛公路行驶。茂密的森林,参天的椰树,低矮的木屋,一一从目光中掠过。

车行40分钟到达维拉港村,我要从这里的渔港出海去往萨沃岛。站在海边观望:斜长的椰树,垂进海面的椰枝,沙滩上散落的椰果,一切都是那么原始。

船公是当地农村的一位水手,他微笑着拉我上船,帮助我穿好救生衣。之后,他拉开油门,小船渐渐深入大海之中……

这时,陪同的罗卡尼指着眼前的大海说:"这里的水域就是昔日美

● 欲乘木舟前往萨沃岛的孩童

日交锋的战场,非常惨烈!"接着,他详细讲述了美日之战的情况。

1942年8月8日午夜,第一次所罗门海战就是在萨沃岛海域打响的,名为萨沃岛海战。这是第二次世界大战太平洋战争中日本海军与美国海军海面舰艇会战的著名海战,也是瓜达尔卡纳尔岛战役六场海战里的第一场。仅30分钟的战斗,日军以伤2艘重巡洋舰的代价击沉美军5艘舰船,驱逐2艘。美军败退,日军大胜。

经过一个多小时的海上航行,接近萨沃岛,这时海面上出现诸多飞鱼飞出水面,令人惊叹。于是,我抓拍了很多海面上的飞鱼。这种飞鱼鱼翅像鸟翅一样大,若不注意,还以为是水鸟呢。这是在萨沃岛水域看到的一种极为特殊的鱼种。罗卡尼介绍:"这种飞鱼很怪,多是随船跳跃式飞行穿过海浪、水花,展示迅捷优美的体态。飞鱼的游水速度很快,跳跃落水也很快,露出海面就那么几秒钟,一般相机是拍不下来的。"

航船靠岸了!岛上的渔民很热情,手捧椰果送给远方的来客。喝着纯天然的椰汁,望着海岛的风光,真是纯美的享受。大概是长久封闭的

● 岛民居住的茅草房　　● 天然淋浴

原因吧，许多孩童围了上来，用好奇的眼光打量着我这个岛外来客，好奇地盯着我的穿戴，好似是在看外星人一样。孩童们大都赤身，他们之间互相谈论什么，我并不清楚。突然，有几个孩子一个猛子扎到海里，戏水、抓鱼、破浪，展示水技，惹人赞叹。等他们上岸后，我将一瓶饮料送给一个赤身小孩，他却不敢喝，好似是第一次接触这种东西。在海边，我走访了一名带着4个孩子的中年妇女，她说："我有8个孩子，从没有出过岛，生活来源是椰树果和海鱼，有时也吃鸟蛋。"

鸟蛋？寨上的酋长走过来说："这个岛上有一种特殊的飞鸟，个头比鸡大得多，生长在密林中。这种飞鸟宿住树上，但并不在树上搭窝，当然也肯定不会在树上产蛋。它是在沙滩上的沙窝里产蛋，靠沙子的地温孵化，当小鸟出生后再带到林中喂养长大。"

酋长接着说："鸟蛋是不允许吃的，但有些居民违规，偷挖沙滩上的鸟蛋，或吃，或卖。只要发现一个，就要处理一个，决不能破坏生态环境，刚才那个妇女说的不对。"

酋长一再纠正那位村妇说的话。之后，在酋长的带领下我去了沙滩。只见白色的沙滩上有很多坑窝，一个连一个，原来这就是鸟下蛋的窝。这时，酋长将其中一个沙窝用手扒开，一枚白色的鸟蛋呈现出来，看上

| 第五章　美拉尼西亚（岛群）：黑人群岛

去比鸡蛋大得多，重得多。之后，酋长又赶紧把鸟蛋放进沙窝，他说："可别惹怒了鸟，这是它们的生命之源！"

世界真奇妙，鸟蛋下在沙窝里！

登上萨沃岛后，向导罗卡尼带我朝密林深处走去。一边走一边介绍萨沃岛的情况。萨沃岛共有 1800 个居民，主要靠打鱼为生。这里的生活比较单调，一些住户陆续迁移到主岛上去住。萨沃岛不大，它因美日大战出了名。岛上还有温泉、火山口、瀑布，再加上这里的最大看点沙窝鸟蛋，还是很值得一来。

● 海滩沙窝鸟蛋多多

钻天的树木，满地的长草，众多的飞鸟，满坡的藤蔓。这些藤中，有一种含水的藤能当作饮料喝。当地人开始演示：他把藤砍断，一股汁液流出来，他张开口就喝。这种藤汁非常香甜，是"天然饮料"。

走在林间小路，除了鸟鸣、溪水流动，什么也听不到，阴森得有些可怕，还好后面跟着一群孩童，活跃起安静的气氛。走啊走，行啊行！穿过片片灌木丛，越过道道深沟壑，翻过座座小山丘，历经一个小时的跋涉，来到一处温泉口。只见蒸气飞冒，热泉涌动，还没有走近，就已感觉到地皮非常烫，热气扑身，还有一股硫黄味。这处在深山密林中的温泉，应该是宝贵的资源，但是政府无力开发，岛民更没有能力，就这样荒废着，白白流淌着。罗卡尼说："这里的温泉含有丰富的矿物质，对多种疾病特别是皮肤病有很好的疗效，可惜没有开发利用起来。"

● 遍岛温泉瀑布

离开温泉，我又攀山越岭两个小时登上一处火山口，太壮观了，这么完整的火山口，给地质专家提供了绝佳的研究课题。那喷洒的熔岩石、火山灰、石碴砾，依稀可见。罗卡尼说："所罗门群岛各岛火山较多，所以地震频繁，前些日子就发生了火山喷发的现象，还引发了地震。"

火山、地震，这又是所罗门的特色！

午餐是在密林中进行的，当地居民专门下海捕捞了活鱼，大家吃了一顿烤鱼大餐，海味浓重，大饱口福。

再见了，萨沃岛！

航船在大海中破浪前进，飞鱼在送行，火山在招手！

伴随着涛声，萨沃岛慢慢消失在茫茫大海中……

| 第五章　美拉尼西亚（岛群）：黑人群岛

崇尚猪牙的国家瓦努阿图

走出瓦努阿图共和国首都维拉港机场，迎面是一尊白色不规则旋转的雕塑，让人百思不解。

正在凝望之际，接机的当地导游努巴托解释："这是猪牙的变形图。猪牙，对于瓦努阿图人来说是最珍贵的物品，是国宝，是财富的象征，是祖先灵魂的圣殿。把猪牙的变形图做雕刻，升华为图腾，展示在主要

● 瓦努阿图国际机场广场中的猪牙雕刻

去大洋洲 Go to Oceania

场地，表示一种崇尚。在国徽和国旗上也有猪牙的图案。猪牙也可当钱使用，也可以用作结婚彩礼。每当男人娶亲，都用猪牙去送礼。所以，来人要尊重当地人的习俗。"

努巴托是土生土长的当地人，是一名优秀导游，借等车的空余时间，他介绍了瓦努阿图的国情。瓦努阿图共和国是个较小的岛国，共由 83 个岛屿组成，其中有 68 个岛屿有人居住。整个岛群呈"Y"形绵延 800 公里，陆地面积 1.2 万平方公里、人口 23 万。瓦努阿图被联合国公布为最不发达的国家之一，然而它又是全球幸福指数最高的国度之一。

瓦努阿图历史悠久，1606 年西班牙航海家首次登岛。1774 年英国库克船长来到此地，并将其命名为"新赫布里底群岛"。1825 年后英、法传教士、商人和农场主相继前来居住。1906 年沦为英、法共管的殖民地。1980 年独立并成立瓦努阿图共和国。瓦努阿图在当地比斯拉马语中意为"赖以生存的土地"或译"永远的土地"。1982 年与中国建交。

瓦努阿图是太平洋岛国中颇具特色的旅游胜地，著名的景点处在坦纳、圣埃斯皮里图、马拉库拉等岛屿。每处岛屿都是天然的，被誉为"潜水的天堂"。

瓦努阿图有"火山岛国"的称谓，全境共有 9 座火山，白天可看

街头土著人

| 第五章　美拉尼西亚（岛群）：黑人群岛

到火山冒出的黑烟；晚上可现火山岩浆喷发的火舌。活火山的喷发造成地震频繁发生。

瓦努阿图还是"蹦极跳"的发源地。从前当地一名妇女为躲避丈夫的暴打，爬到一棵树顶，她的丈夫紧跟着也爬上了这棵树。于是这名妇女在脚上拴了一根藤蔓，从树上一跃而下，丈夫也从树上跳下。这名妇女安然无恙，丈夫却摔死了。从那时起，该国每年举行一次"死亡跳"，考验小伙子是否勇敢，并成为男子成婚的一种仪式。这项"死亡跳"活动的渐渐流行，最终演变成"蹦极跳"，由此传遍世界。所以，瓦努阿图是"蹦极跳"的发源地。

接机的司机来了。我乘汽车向首都维拉港行进，只见海岸线边有许多游泳、潜水的人。

汽车在窄小的马路上行驶。努巴托说："首都维拉港处在埃法特岛，俯视整个岛像一个攥紧的拳头，它不是瓦努阿图最大的岛，但它是全国政治、经济、文化的中心，全市4万人口，其中500华人。首都地理位置优越，三面靠山一面傍海，是一个天然的避风港，整个城市掩映在绿树丛中。"

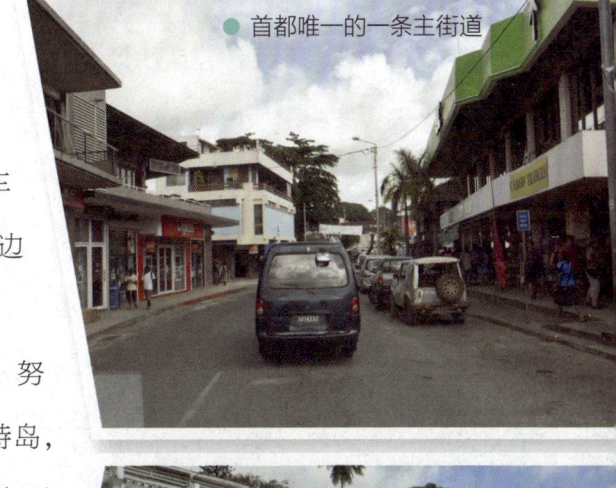

首都唯一的一条主街道

街墙画

去大洋洲 Go to Oceania

经过一处农贸市场和写有巨型"V"字的建筑，仅十分钟车程便进入城区。看上去，市区很小，只有一条主要马路，多是二层楼建筑，中国援建的四层"航空酒店"算是地标了。这里高楼不多，但街道却很有特点，特别是有许多墙体画很别致，让人回味无穷。

穿过繁华的街道，汽车右转，停在海滨绿地公园。这里聚集了很多市民，有唱歌跳舞的，有休闲读书的，有兜售小商品的。海滨非常漂亮：椰树、海湾、绿岛、航船，构成一幅诱人的风景画，很多游客站在海边拍照、合影，留下永久的记忆。

沿着弯弯的山路走向山顶，一片绿地上耸立起一座白墙红顶建筑，一面瓦努阿图共和国国旗在空中飘扬，这是国会大厦。守门警卫听说是来自中国的客人，随即放行，我便在草坪上把国会大厦全景拍摄下来。国会大厦由中国援建，是该国最漂亮的建筑，让人新奇的是有

中国援建的国会大厦

第五章 美拉尼西亚（岛群）：黑人群岛

一尊"猪牙"图腾雕塑非常亮丽、显眼，与国会大厦遥遥相对。可见，瓦努阿图的信仰是多么深厚，这是这个国家的一大特色，也是与其他岛国的不同之处。

与国会大厦相邻的是国家监狱，外墙由铁丝网围起。监狱和国会大厦近在咫尺，这恐怕在世界上少有。据悉，这里犯罪率极低，狱中没几个犯人。

国会大厦的后身有一座纪念碑，这是为纪念一战和二战而竖立的。站在碑的基座旁俯视，全市一览无余，可见港口、住宅、街景。举目俯瞰，整个城市被埋在绿树丛中，环境非常好。

在维拉港市区，我们走进国家博物馆。这里展示了瓦努阿图民族的发展史。人吃人展室再现了旧时代岛民相互砍杀后，吃人肉喝人血的悲

● 国家博物馆食人展室

● 英雄纪念碑

惨场景。解说员说:"从公元前500年直到19世纪末期,海岛人有个恶习,即吃人肉。部族之间展开搏斗,被俘虏者会被杀死并将其肉当饭吃,吃掉敌人被认为是终极的复仇,或者将尸体带到村子里的神灵屋献给本地战神,然后以神之名将其切割、烧烤吞食。之后,人们会用舞蹈庆祝胜利。当时这种现象很普遍。"展室展出的有杀人的刀,煮人肉的锅,绑人的绳索等。在博物馆,还展示了不同形式的草房、木雕工艺和石雕等。

在首都沙滩附近的海下,居然建有一家水下邮局。邮局呈易拉罐状,高3米,直径2米,每天只开放1小时,可收寄300多张信件和明信片。若想寄出需要潜水下去,把明信片放进这个世界上唯一的水下邮局。

瓦努阿图的夜色是沉静的!

维拉港的星光是明净的!

博物馆里的收藏画《打猎归来》

第五章 美拉尼西亚（岛群）：黑人群岛

奔坦纳岛看"世界最可亲近的火山"

　　清晨8点，在瓦努阿图首都维拉港国内机场乘坐小型飞机，飞向坦纳岛，去看被称为"世界最可亲近的火山"——瓦苏尔火山，它还被誉为"上帝燃放的礼花"。

　　坦纳岛是瓦努阿图南部的一个小岛。经过一个多小时的飞行，飞机抵达坦纳岛上空。从机窗眺望，坦纳岛恰似一扇翠绿色的肺叶，镶嵌在大海中，四周由白色的沙滩环绕，煞是美丽。

　　走出机场后，乘一辆越野车前往住地。车后，扬起漫天的尘土。沿途绿树覆盖，青草萋萋，鲜花满地，飞鸟掠过，真是一处世外桃源。

　　经过半个小时车程来到海边一处草房，这就是下榻的旅馆。看上去，接待室、大厅、餐厅、客房，全都是茅草屋顶，大致有20多套草屋。旅馆设有泳池、咖啡厅、洗衣房，一应俱全。每座房屋都掩映在树里行间，非常原始，又特别安全。旅馆养有大黄狗，总是混在客人之中，每到晚上这只狗把门放哨，严防他人进入。森林旅馆是澳大利亚人开办的，在设计上一切从原生态出发，所有草房都在林中，外边甚至看不出它是

● 茅屋式旅馆坐落于原始森林中

一处度假之地。

在坦纳岛，有一座活火山名为亚苏尔山，至今还在喷发。

办完入住手续，出发了！去看亚苏尔火山！

亚苏尔火山处在岛的东部，需经 4 个多小时的长途跋涉。据说道路十分艰难而且全是山地，对于初来者，无疑是个严峻的考验。

● 途经原始森林中的树上住屋

● 从原始森林中走出的妇女

● 路遇手拿砍刀的打柴人

● 远眺冒着黑烟的亚苏尔火山

越野车在飞奔，尘土在飞扬。

翻过几座山，隐隐约约远眺到亚苏尔火山，只见蓝天下一股黑色烟云蒸腾而上，遮住一片天空。在此，拿出相机远距离拍一张《火山烟云》作为纪念吧。

汽车向东部继续行驶。转眼，前边呈现出大片大片熔岩灰，连同光秃秃的山体全是黑色的熔岩，像是黑色的沙山、沙漠，极为荒凉、悲壮。显然，亚苏尔火山快到了。正在专心拍照之时，突然一架小型飞机从头顶掠过，减速后降落在茫茫熔岩平地上。原来，那是一架私人飞机，也是专程赶来看火山的。这里有大片熔岩平地，适合飞机降落。

穿过茫茫熔岩灰地，到达亚苏尔火山脚下。这里有标牌显示火山的位置及行走线路。办完有关手续，开始攀登。

沿着曲曲山路，走了半个多小时，出现满山熔岩石，隐隐约约听到

去大洋洲 Go to Oceania

火山喷吐的声音。抬头,看到山坡上立有一块安全警示牌,预示着火山口马上就到了。

天色已晚,夜幕降临。

攀山土道变成石阶,山路越来越陡,喷发声越来越大,硫黄气味越来越浓!

突然,耳边一声巨响!瞬间,看到漫天火花!

终于爬到了山顶,终于到达火山口!

夜幕中,站在山巅,脚下仿佛是一口燃烧着的巨大的锅,我好像就站在锅沿。人,显得太渺小了!能够站在火

● 一步之遥的火山口升腾着烈焰

● 火山喷吐时气势磅礴烟花四溅

山口近距离观看脚下的火舌，这真是一生之幸。

"嘣！"一声惊雷，火花飞溅，火光四起，火焰燃烧，像钢花，似烟花，如焊花，腾空而起，喷射而出，气势磅礴！

震撼呀，亚苏尔火山！

跳跃，高喊，观看火山的人们沸腾了！

顷刻间，火山熄灭了！顿时，山口一片宁静……

一分、二分、三分……

"嘣！"又一声巨响！又一次喷发！又一次欢呼！

火山间歇性喷发，忽而奔涌，忽而沉寂。

利用等待的空隙，我走访了火山口的护卫人员。据介绍，亚苏尔火山是世界上最活跃的火山之一。几个世纪以来，一直在不间断地喷发，吸引了世界上很多人专程来此观看，特别是在晚上观看更为绚丽。亚苏尔火山地处环太平洋火山带地震区，周围有很多火山口。火山只要一喷发，都会发出响声，像闷雷一样，拍打着山口。亚苏尔火山被称为"世界上最可亲近的火山"，喷吐的熔岩抛向天空，直升直落，不会伤人。所以来人尽管放心大胆观望，一般不会出现意外。

下山的路上，仍不断听到身后亚苏尔火山的喷发声。那声响荡漾在坦纳岛，飞向太平洋……

走进土著人山寨

● Esum 部落的迎客螺号

上山了！飞鸟在欢快歌唱，椰树在摇摆欢迎。

瓦努阿图诸岛深山中有很多个土著人部落，来一趟该国实属不易，何不绕行踏访一下土著部落？在努巴托导游的带领下，我先后到埃法特岛、坦纳岛等岛屿，钻进一处处阴森僻静的密林丛中，走进 Esum 和 Lowiniou 及 Taftvna 三个部落山寨。

所去的第一个部落是埃法特岛上的 Esum 部落。驱车穿过一片片原始森林，翻过一座高山，刚走进土著人部落，村边突然一声号角响起。阴暗、潮湿、蚊虫多，是土著人的生活环境。

第五章 美拉尼西亚（岛群）：黑人群岛

● 编织　● 作沙画
● 展示猪牙　● 打猎归来

努巴托事先提醒，在部落中不能戴帽子，不能戴太阳镜，不能大声喧哗。

在土著村寨，我目睹了土著人烧饭、烤地瓜的全过程，欣赏了土著人的舞蹈，观看了土著人的沙画。沙画是该国的传统艺术，有悠久的历史。沙画即用手直接在沙面上作画，一笔下来就是一幅几何图案。瓦努阿图的沙画已被联合国教科文组织列入了第二批"人类口头与非物质遗产代表作"名单。走访酋长时，他说："我们保留了传统，将来要一直传承下去！"在这个远离城区的偏远村寨，依然延续着土著人的原始生活状态，这就是海岛文化。

/169

去大洋洲 | Go to Oceania

● 请到树上住屋作客

所去的第二个山寨处在坦纳岛深山，名为Lowiniou部落，当寨子里的土著人听到来了客人，一下子涌出来，列队欢迎，拍手示好，一片热烈的气氛。酋长出来很有礼节地引领我们入寨。

这个部落因处于深山，少有外界接触，土著人仍是保留传统的穿戴。男人裸体，前身下部只有一把草叶遮挡，女人上身也全部裸露，下身只穿草裙。酋长接受采访时说："这是我们土著人的传统，男人只一把草遮掩，很有男人味；女人袒胸露乳，更有女人情，这给传宗接代、繁衍子孙打下基础。"酋长的话很幽默，说完，他大喝了一声，数十名土著男女围起跳开了传统舞。草叶，在双腿间飞飘；草裙，在肚皮下掀动。歌唱声、高喊声汇成一团，飘荡在野树林中。

中午到了，几名老者赤身趴在地上钻木取火，当火源燃烧，便开始烧饭，然后大家共

● 传统舞蹈

第五章 美拉尼西亚（岛群）：黑人群岛

● 芭蕉叶烤饭

进午餐。

餐后，汽车又返回主路，在坦纳岛上前行……

一段路途后，我们又钻进一片密林中……

又是一处部落山寨，图标上显示为 Taftvna 村。正在寻路，忽然从树林里钻出五六个土著人，用弓箭和长矛挡住前进的道路，后经努巴托解释是来参观的才得以放行。原来，土著人村寨都有站岗放哨的习俗，只要外来人走进寨子，都要接受盘问。

● 钻木取火

又穿过一片密林，走进寨子，陆陆续续出现一群土著人。在寨院里，土著人有的编织草筐，有的用刀削木条，有的锤打树皮，都是传统的工艺。

这个部落的土著人穿戴又是一种风格，不管男女老少，上下身都穿着用草编织的衣服，男人身上用黑色墨水化装。

酋长坐在村头一个草房内，房前竖有一根两米高的长棍，长棍上挂有一个一尺长的短木桩。旁边一个老者告诉我："这是讯号指示棒。木桩挂在长棍上，说明寨子里平安无事，若掉在地上，说明寨子里有了情况。

这时,酋长会走出草房,询问出了什么事。"话音刚落,木桩突然掉了下来。不一会儿,一个高个子土著人拉着另一个抱着鸡的土著人走过来,对酋长说家里的鸡被他偷了。酋长听了后大怒:"打他五十板!物归原主。"问题解决了,木桩又挂到长棍上,酋长又返回草屋。

这就是土著人的法规、习俗。

- 有人偷鸡让评理
- 木棍掉下表明有情况,这时酋长出来
- 村民为坐在茅屋内的酋长站岗,茅屋前树上吊着的木棍为信号

第五章 美拉尼西亚（岛群）：黑人群岛

"南太平洋的十字路口"斐济

踏上斐济群岛共和国这片土地，顿感进入花的世界。走在通往首都苏瓦的道路上，沿途花树、花草、花园，一一呈现在眼帘，特别是国花扶桑更是鲜艳夺目，赏心悦目。大自然的花海将斐济大地装饰得如此美丽，难怪斐济被称作"花园之岛"呢。这里的男男女女大都头戴鲜花，显得神采奕奕！斐济还被誉为"世界软珊瑚之都"，有许多电影在这里拍摄，如《荒岛余生》《蓝色珊瑚礁》《超时空接触》等。

● 俯视全市风光

去大洋洲 Go to Oceania

○ 流行男士穿裙裤

陪同踏访的维迪纳介绍，斐济处在南太平洋海岛的中心地带，海岛人有头戴鲜花的习俗，对于男士来说，把花戴在左边，表示未婚，把花戴在两侧表示已婚。他还提醒说："来斐济要注意，这里有很多习俗，比如，不能摸任何人的头，斐济人认为头是最神圣的部位，是最高精神所在。另外，斐济男人习惯穿裙子，不要笑话他们。"

汽车向市区行驶，道路两边出现很多浅黄色住宅，非常漂亮。维迪纳说："斐济是印度人的天下，那些浅黄色建筑是印度人所建。这里的印度人很多，每百名斐济人中有38人是印度人后裔。1879年，斐济殖民政府从印度引来成千上万的劳工开展种植业，1916年契约劳工在合同结束后纷纷留了下来。上百年来，印度人繁衍后代，成为斐济人口的生力军。"

维迪纳说："你看看司机的长相，他就是印度人。"维迪纳说完后，他讲起了斐济的概况。他说，斐济是南太平洋的交通枢纽，有"南太平洋十字路口"之称。全国共由332个岛屿组成，其中106个岛有人居住，最大的岛为维提岛。全国陆地总面积1.8万平方公里，人口84万。斐济盛产甘蔗，因此有"甜国"之称。斐济在公元前1200年前就有人居住。公元1000年汤加入侵。1643年荷兰人发现了这里的群岛。1774年英国库克船长登陆。1874年斐济割让给英国。1879年英国带来第一批印

第五章　美拉尼西亚（岛群）：黑人群岛

度劳工。1970年独立，成立斐济群岛共和国。

首都苏瓦所在主岛维提岛面积1万平方公里，海拔1323米的维多利亚山脉将岛屿分成东西两部分。岛东主要城市为苏瓦，岛的西部有楠迪、劳托卡等城市。当地人认为，蛇神恩戴杰创造了维提岛，恩戴杰睡在维提岛的纳考瓦德山，他的眼睛一张一合就是白天和黑夜。

汽车进入市区时路过总统府。总统府占地面积很大，在广阔的绿地中，一座华美建筑耸立在中央，显示着它的权势和地位。

首都苏瓦坐落在维提岛东南部一处长5公里、宽3公里的半岛上，是南平洋最大的城市，共8.5万人。进入市区后，首先参观了国会大厦。国会大厦建造得宏伟壮丽，很有特色。在国会大厦前，维迪纳介绍说："斐济是个政变不断的国度，比如2000年的政变，当时工党领袖马亨德拉·乔杜里为总理，他是斐济第一任印度裔总理，但很多斐济本土人担心失去传统的土著人所有权，便抗议政府，组织武装力量闯进国会大厦，劫持了36名政府官员作为人质，包括乔杜里总理，要求总理辞职下台。2006年，在弗兰克·姆拜尼马拉马当政时，国家又陷入政治风波……"

来到苏瓦市中心，已是灯火辉煌。这里有很多殖民风格的建筑，多样的餐馆，多样的咖啡厅，多样的购物广场，殖民时期留下的参天

● 斐济首都苏瓦国会大厦

● 总统府

去大洋洲 | Go to Oceania

● 中心广场

古树还屹立在街心广场。走在苏瓦市街头,最明显的建筑是英国殖民时期的,还有印度风格的建筑等比比皆是。幸运的是,尽管国家多政变,但很多古老的建筑都留了下来。

在众多建筑里,皇家旅馆最为华贵,在《世界是我家》一书里这样描述:"……巨大的中央餐厅,精致小巧的餐桌,上面摆放着精美的银器和陶瓷,赤脚的印度人在餐桌边待餐,这座酒店优雅的气息在全世界没有任何其他酒店可以提供和超越。"这一建筑始于1860年,由大卫·罗比船长建造,看上去,白色的墙面很是大方。1916年,索默塞特·毛姆曾在这里下榻,可见这家酒店的名声和地位。

● 中国援建的体育场

苏瓦曾是一片荒芜之地,到处都是芦苇。1870年澳大利亚人移民于此地。1882年首都从莱武卡迁到苏瓦。莱武卡是古都和历史名城,19世纪全盛时期的街道和殖民建筑完好无损地保留了下来,已被提

| **第五章** 美拉尼西亚（岛群）：黑人群岛

名世界遗产名录。迁都苏瓦后，苏瓦发展很快，到20世纪20年代已发展成一座繁华的殖民中心。苏瓦不仅有大量的殖民时期建筑，还有瑟斯顿花园、苏瓦罗森林公园、南太平洋大学、勒克什密那罗延寺、圣三一教堂、大洋洲艺术和文化中心、罗马天主教堂、纪念卫理公会教堂、玛利亚姆马神庙等，都是游览的好去处。

在苏瓦市，还有一条开往劳托卡市的观光路，名为国王路。这条蜿蜒的公路长256公里，经由岛内最不发达的海岸地区。从苏瓦市开车到劳托卡市计6个小时的车程。

晚上，下榻于海滨酒店。

苏瓦之夜是美丽的……

维提岛是纯净的……

● 苏瓦海上酒店

▶ 去大洋洲 | Go to Oceania

"南太岛国小首都"楠迪

"东有苏瓦,西有楠迪",斐济人这样概括维提岛的地理方位。

来到维提岛的岛西楠迪,这里与岛东的苏瓦市截然不同,多有现代化气息。这个仅有4万居民的小城市,还是全国第三大城市,10分钟即可走完,但它比苏瓦要现代化得多,是整个斐济的门户,因为它有国际机场,连接南太平洋诸岛国乃至世界各地,有"南太岛国小首都"之称,而苏瓦却不具备这些。这里还有多家五星级宾馆、高级度假村、纯

● 楠迪主街道

| 第五章　美拉尼西亚（岛群）：黑人群岛

净的海滩和现代商业枢纽中心，是世界知名的旅游度假胜地，这都是苏瓦无法相比的，特别是周边的区域，有着许多可去之处。可见，楠迪的吸引力是多么强烈。

故而有人说："不来楠迪不算到斐济！"

沿着楠迪市区主干道行走至路口，只见一座辉煌的建筑呈现在眼前，这就是楠迪最著名的印度教庙，名为萨布拉马尼亚湿婆神庙，是在印度以外很难见到的达罗毗荼传统建筑，也是斐济乃至整个南太平洋最大的印度教庙，印度的民族色彩和风格非常明显，它应该是楠迪的地标。神庙的入口处，只见身穿印度服装的信徒缓缓进入，十分虔诚。神庙木雕十分精巧，据悉神灵是从印度远渡重洋请来的。天花板上的壁画更是精细，令人叫绝。印度教徒认为印度教的寺庙象征着身体，是灵魂的所在地，他们相信，在这里敬神后灵魂可以得到净化。

● 楠迪的印度庙

工作人员介绍说："祈祷者将水装在放有鲜花的罐子里，象征着伟大的母亲，而焚烧的樟脑象征着智慧之光，三叉戟代表火，

这些分别象征纯洁、光明与智慧。"印度教徒还认为，生命如同在火上行走，是需要经受考验的。

斐济38%的人是印度教徒，为此印度神庙遍布斐济各地，包括乡村城镇。印度神庙各种各样，神秘而美妙，楠迪的这座神庙具有印度北部风格，它突出蛇的形式，因为印度教徒认为蛇是神圣的。

从楠迪市区的清真寺去往丹娜努岛，仅有5公里的路程，路过的清真寺也是楠迪市的一处地标性建筑。丹娜努岛处在楠迪市区的西北部，是距市区最近的一个岛屿。当登陆这个岛上时，三四个警卫围过来挡住去路。原来，进这个岛需要进行严格的检查，办理相关手续。因为有国家外交部门的人员带领，才得以放行。走进岛屿感觉进入另一个世界。

● 楠迪地标建筑国际机场门楼

第五章 美拉尼西亚（岛群）：黑人群岛

那高楼大厦，豪华建筑——矗立在海边。绿树参天，花草萋萋，与其他地方形成鲜明的对比。陪同前行的赵福利是辽宁人，在楠迪外事部门工作，他说："这个地方对于当地人来说，根本进不来，因为这个岛上住的都是贵客，保卫做得相当严格。而对于客人来说，如不出岛，不会了解真正的斐济。"

● 走进丹娜努岛上的五星级宾馆

据介绍，丹娜努岛原来是个荒岛，满岛都是红树林和烂泥滩，面积为 2.6 平方公里。国外 5 家大公司看上了此岛，经过商议，合伙购买了下来。经过开发，建起了希尔顿、索菲特、丽生、喜来登、威斯汀五个度假村，所建宾馆都是五星级，有着

世界一流的建筑和服务。

这些高级宾馆，风格各异，特色不一。希尔顿是一组7座长方形的连环泳池；索菲特凉亭式接待大厅侧面是爬满藤蔓的柱子；丽生度假村的瀑布飞泼而下流淌过多个池塘；威斯汀大厅由暗色原木及淡色砂岩组成错落有致的天花板延伸到泳池；喜来登拥有的264套客房，间间面向太平洋。

走在沙滩上，看到许多欧洲客人或乘沙车，或踩沙浪，或坐汽艇，尽情享受。

住在丹娜努岛，人人惬意地消闲，根本看不到斐济人是怎样的生活。

丹娜努岛有个码头，但与岛上的度假村是隔离的。在赵福利引领下，我从码头启航，乘一座帆船畅游太平洋。

游船破浪前进，帆布刷刷作响。船公是当地一名渔民，体魄健壮，操作熟练。经一个多小时的航行，游船靠近南海岛和帮迪岛。从大海上远望海岛更有诗意，更加漂亮。只见南海岛周围的沙滩像一条白色沙带将绿岛托起，非常美丽。孩童们在海滩上戏水、打闹，别有一番情趣。

从楠迪市出发北行10分钟车程，可见一座横卧的山梁。细细看这个山梁，好似躺着的睡美人。睡美人脸部轮廓非常清晰，她的小腹挺得极高，像是当地人常见的大肚子。就在这睡美人的山坡上，种植了很多兰花，花园的名字就叫"沉睡的巨人花园"。

迎着睡美人山梁，汽车开到山脚下，走进巨人花园，真是美丽异常。这里简直成了花的世界，花的海洋！山上、山下、山腰、山谷，山花烂漫，遍布岗梁，满鼻扑香，花味四溢。只见那喇叭花、紫藤花、鸡冠花、

第五章 美拉尼西亚（岛群）：黑人群岛

● 巨人花园中鲜花怒放

牵牛花等，有的含苞欲放，有的花开正盛，争相斗艳，特别是兰花，红的、白的、黄的、蓝的，多种多样，姿态娇艳，都是常开不败的花朵。据介绍，这里仅是兰花就有160个类别，1500个品种。

沿着木板路，穿行在花丛中，走在花海里，心旷神怡。据园艺工人介绍：巨人花园是由出演过《海森探案集》和《轮椅神探》的著名演员兼兰花迷雷蒙德·伯尔在1977年出资创建的。

走在木栈道上，不觉目光中出现一个精美的荷花池，它像明珠一样撒落在花园中。粉色的荷花艳丽纯洁，满池的荷叶一尘不染，引来多人在此拍照留念。

曲径通幽谷。弯弯栈道一直延伸到原始森林中。直上青天的古树，攀盘错节的树木根系，与飞长的野草，也被鲜花点缀得神采飞扬起来。

漫布的鲜花，给巨人山披上花衣……

溪水与鸟鸣，将睡美人轻轻呼唤……

/183

悲凉的辛阿托卡沙丘

辛阿托卡处在楠迪南部偏东,从楠迪乘车顺珊瑚海岸过纳塔度拉海滩抵辛阿托卡,计一个半小时的车程。辛阿托卡坐落在辛阿托卡河畔,因辛阿托卡河而得名,是珊瑚海岸线上最大的城镇,有3万多人口。辛阿托卡河是斐济第二大河。

走在市区,最明显的标志是辛阿托卡河大桥和市中心一尊骏马的雕塑,还有一个大清真寺和一处俯视全城的私人宅邸。凡是到楠迪的外来客人,一般都要来辛阿托卡欣赏一下珊瑚海岸的独特,辛阿托卡沙丘的壮观,库拉生态公园里野生动物的习性,残缺的塔武尼

● 辛阿托卡市容

第五章 美拉尼西亚（岛群）：黑人群岛

丘陵城堡的神秘，还可走进部落村寨，了解土著人的风土人情。

辛阿托卡沙丘位于市区西南4公里。入口处，设有一个游客中心，那里挂有一个标牌和行走沙丘的示意图，还有一个展室，展出沙丘出土的2600多年前的陶罐和罐片，说明此地很早就有人类居住。据解说员说，在这里还发现了太平洋地区最大的墓群。

在游客中心工作人员引领下，沿着参观路线穿过一片山林向上攀爬，听着鸟鸣，伴着野花，一路走到山顶，举目远望可见汹涌的大海伸向远方，但并没有看到沙丘，脚下走过的是杂草丛生的山梁和一些灌木丛。步行一个小时后，山谷中出现白色的细沙，伸向沙面的藤蔓飞长，绿白相间，极有诗情。

脚下的沙路越来越宽，海面越来越广，绿草藤蔓慢慢退去，紧接着眼前出现大片大片沙丘。这就是当地著名的辛阿托卡沙丘。一眼望去，

● 辛阿托卡海岸沙丘

去大洋洲 Go to Oceania

海岸线上铺展起一座座黄色的沙丘，在海风的吹动下扬起阵阵沙尘，挡住了视线。沙丘没有想象的那么高、那么大，沙色并没有那么黄、那么亮。不要说撒哈拉那样金色的沙丘，连我国的塔克拉玛干沙漠也比不上，让人颇有些失望。

然而，沙丘上覆盖的成千上万的枯树显得那么悲壮！这些干枯的树木有的平卧，有的斜立，有的弯腰，有的扎进沙漠，像是哭泣，像是哀求，苍茫悲凉又伤感……

在现场看到，有的枯树从树缝中冒出嫩芽，艰难生长。这种生命与死亡的抗争，让人的心绪久久不能平静……

据介绍，这里的树木本来都好好地生长在海岸线旁，由于海平面的上升，再加上受海浪的侵袭，便一株株倒下了，绝望在潮涌中……

又是气候变暖导致，又是大自然的报复！环境的保护何等重要。

据悉，辛阿托卡沙丘距辛阿托卡河入海口不远，全长5公里，宽1公里，沙丘平均高度20米，最高60米。沙丘的形成经过了上百万年。

沙丘的另一侧是一片红木林，茂密旺盛，茁壮成长。而谁能想到，这些树林百年之后会不会受到海平面上升的威胁？会不会也倒在沙丘上？

为了使辛阿托卡沙丘不再扩大，当地政府专门设立了库拉生态保护区。

库拉生态保护区处在辛阿托卡市区东部，需20分钟车程。入口处是一幅壁画，这是一个以鸟为主题的生态园，吸引很多外来游客参观。

第五章 美拉尼西亚（岛群）：黑人群岛

库拉的当地语意为"鹦鹉"，是斐济的国岛，这个生态保护区用库拉命名以显示它的意图。库拉生态保护区是斐济国民托管组织与国家生态保护机构共同投资创办的，旨在呼吁人们保护生态环境，杜绝污染。

走在保护区的木板步道，森林越来越密，山势越来越陡，石壁越来越峭。眼帘中首先看到的是鹦鹉，听到一阵热闹的欢迎叫声，我的兴趣大增。长有冠毛和条纹的鬣蜥是斐济的珍贵物种，你可以让它随意在你身上爬，可以触摸它，很是可爱，惹人喜欢。斐济本土特有的陆地哺乳动物狐蝠，是难得一见的，我在此一饱眼福。这里的太平洋黑鸭是斐济仅存的唯一鸭类，面临灭绝的危险。沿着森林木栈道缓缓前行，又见海龟、玳瑁、孔雀、猫头鹰、变色龙等多种鸟类和动物，真是视觉盛宴。

● 库拉生态保护区的鸟　　● 生态区的鲜花

去大洋洲 | Go to Oceania

保护区负责讲解的工作人员说:"辛阿托卡沙丘在警示人们,随着树木的砍伐和减少,生态环境发生了变化,许多珍贵的动物和鸟类失去家园,生存的空间越来越少。还有一些神奇的物种因没有及时得到保护而永远灭绝。我们创建这个生态保护区,是将这些珍稀动物保护起来,做一些繁殖工作,把它们的下一代再放生到大自然中去。保护区从1997年创建以来经过曲折的发展和变化,目前,进行着价值无法估量的繁育实验,比如黑鸭等,都繁育成功了,让它们回归了自然。"

离开生态保护区的路上,看到公路两边不时出现一片片失去生长能力的树木,有的被砍,有的被烧,一片凄凉。陪同走访的向导说:"斐济政府已经下了指令,禁止无序砍伐,要切实保护生态环境,不仅给动物一个家,也给人类一个美好家园!"

● 穿行沙丘上,干枯的树木令人沉思生态环境的破坏

第五章 美拉尼西亚（岛群）：黑人群岛

做客土著人部落

在辛阿托卡地区，汽车沿着蜿蜒的山路，开往深山区，走进一个土著人的部落那卡布塔。酋长身着一身分外艳丽的服装站在寨子路口，下身的裙子非常显眼。而嘴里，不断喊："BULA、BULA——"

这时，当地向导解释，这里的男士非常流行穿裙子，尤其是在接待客人时，习惯头戴鲜花，下穿花裙，这是一种礼节。而叫"BULA"，是"欢迎"的意思。斐济人非常热情，部落尤为突出。因此，斐济人获得世界上"最友好国民"的称号。于是，我也学着，大喊："BULA、BULA——"

● 头戴鲜花赤着双脚的酋长介绍民族传统

击鼓迎客

在村口，当地人还举行了简短的欢迎仪式。斐济是太平洋岛国与中国最早建交的国家，非常友好，酋长愿中斐结出友谊之果。在欢迎仪式上，酋长说："斐济有句谚语，一颗花蕾将繁育出千万个果实。"

酋长站在村边，介绍了寨子里的一些情况。全村共24户，上百口人，酋长实行世袭传位，并非选举产生，但有时也传给同族，而不让儿子接替。至于耕种的土地，归部落共有，不许出售买卖，由酋长将土地分派给每个家庭耕种。所以，这里很少有土地上的纠纷。

走在村寨，几乎看不到土著人房屋之间有任何形式的篱笆，他们认为修筑或竖立篱笆是不友善的行为。视线中看到，一群孩童在土著人的房屋之间随意而不假思索地穿行，很自然地走进邻居家门。

在酋长引领下，我去寨子里参观了一圈。让人不解的是，墓穴就建

第五章 美拉尼西亚（岛群）：黑人群岛

● 盛饮卡瓦酒

在住宅旁，看起来很不协调。对此酋长解释说："最亲近的人，即便离开人世，也要靠近，这是对逝者离开亲人的尊重和最大的安慰！"这一风俗很令人动容，不把去世的人埋到远处，而要永远和亲人在一起！

走在乡间路上，酋长说："我们的头部是最神圣的，不可侵犯！别人是不能触碰的，甚至不能与头有任何接触！"接着酋长讲起一则不该发生的事件："1867 年 7 月 21 日，英国伦敦传教士托马斯·贝克来到土著人部落，他在给酋长递梳子时，触碰了一下酋长的头发，因而被杀死，并被土著人吃掉，被杀的还有贝克的 7 名随从。"

参观完村落，酋长将我领进一处议事会堂，席地盘腿坐于草席之上，观看土著人捏制土陶的全过程，欣赏他们表演的传统舞蹈，看当地人用洋格纳树根现场制成的卡瓦汁。此地有用卡瓦汁、卡瓦酒、卡瓦胡椒招待客人的习俗。向导说，饮用酋长送给的卡瓦胡椒时，一定要遵守土著

/191

▶ 去大洋洲 | Go to Oceania

● 展示传统技艺

● 卡瓦汁工艺

| 第五章　美拉尼西亚（岛群）：黑人群岛

人的风俗：不能用脚尖冲着卡瓦碗，也不能背对卡瓦碗，更不能迈过卡瓦碗，否则会被认为是一种不尊重酋长的表现。土著人认为，饮用卡瓦胡椒是分享人生的最大乐趣，在畅饮的刹那，土著人载歌载舞。

离开土著人村寨，归途中还参观了辛阿托卡河谷中的塔武尼丘陵城堡遗迹，城堡由汤加酋长于18世纪所建。从中可以想象，当时汤加与斐济的关系是何等的密切。

温馨提示

去美拉尼西亚（岛群）一般先到斐济。斐济是南太平洋岛国地区的交通枢纽，地理位置相当优越，然后再从斐济飞往各岛国。该岛群只有3个主权国家，均小有名气，知名度最高的城市要数斐济楠迪，号称"南太岛国小首都"，有许多值得观赏之地。斐济连同另两个岛国安全系数都很大，吃住行都没有问题，尤其是斐济，中国人很多，华人开办的宾馆、饭店、公司等不在少数。

去大洋洲 | Go to Oceania

第六章 波利尼西亚（岛群）：多岛群岛

第 6 章

波利尼西亚（岛群）
多岛群岛

波利尼西亚（岛群）意为"多岛群岛"，处在太平洋中部、大洋洲三大岛群的东部，包含了夏威夷群岛、图瓦卢群岛、萨摩亚群岛、汤加群岛、库克群岛、社会群岛等 15 个群岛，陆地总面积 2.65 万平方公里、人口 142 万，主要是波利尼西亚人。包括图瓦卢共和国、萨摩亚独立国、汤加王国共 3 个国家，还有夏威夷群岛（美）、纽埃岛（新）、库克群岛（新）、塔希提岛（法）、莫雷阿岛（法）等地区。波利尼西亚（岛群）的最大看点有：将要被海水淹没的国家图瓦卢、萨摩亚独特的建筑议事厅、汤加王国海边的喷潮洞、塔希提的海上住屋……

▶ 去大洋洲 Go to Oceania

将要被淹没的国家图瓦卢

万里晴空,白云悠悠。

飞机抵达图瓦卢上空,徐徐下降……

隔着机窗俯瞰,一条狭长的岛屿,无比耀眼地嵌在海面上,神秘、奇妙、多彩。蓝色的海面,白色的沙滩,葱绿的树林,令人沉醉……

然而,谁能想到,就是这样一个美丽的海岛国家,即将沉入大海,永远从地图上抹去。世界,将失去一个国家……

提到图瓦卢,可能很多人觉得陌生,甚至叫不上它的名字。图瓦卢

● 从飞机上实拍将被淹没的图瓦卢线形海岛

| 第六章　波利尼西亚（岛群）：多岛群岛

总面积 26 平方公里，人口 9600 人。这个仅次于瑙鲁的世界第二小岛国，正遭遇全球变暖的直接危害，面临被大海淹没的危险。据科学家预测，再有 50 年图瓦卢将被海水吞噬！

这绝非耸人听闻！在联合国环境大会上，图瓦卢总理多次发出最强烈的呼吁：保护地球环境，拯救我们的家园！

飞机缓缓下降……

我乘坐的是 DQ–PSB 小型飞机，一排 4 座位。与我相邻坐的是图瓦卢一位官员，前排一位帅气的先生正用深情的目光俯瞰海岛，充满依恋之情。

机体继续下降，长条形的海岛越发清晰。

突然，一声震动，飞机着陆，滑行在跑道上。

飞机停稳了，当大家正准备站起取行李时，突然传出英语广播："请乘客先不要动，请总理先下机。"

这时，我前排的那位先生站起来，在空姐的引领下走出机舱。啊，我前座的那位先生是图瓦卢总理？

● 图瓦卢总理欢迎作者踏访

下飞机时，邻座的官员介绍，那就是图瓦卢的现任总理埃内尔·索波阿加。

太巧了！当总理得知同机的客人来自中国，立刻伸手与我相握，并热情地表示：欢迎中国客人！

能够见到图瓦卢总理还真是幸运。据悉，埃内尔·索波阿加 1956 年出生，毕业

去大洋洲 | Go to Oceania

于英国剑桥大学，2013年8月起任图瓦卢总理。他是参加完太平洋岛国发展论坛后回国的。我打开在飞机上拿的一份当天的《斐济太阳报》，上面刊有图瓦卢总理出席会议的照片和报道他的文章。埃内尔向世人呼吁：保护生态环境，防止地球变暖，善待我们的家园。

图瓦卢人非常热情。在机场旁边建有一个当地部族集会的传统会堂——马尼巴。数十名穿戴绿色草叶服饰的当地人载歌载舞，迎接远方的中国客人。接机者是总理的嫂嫂苏珊娜女士，她曾留学于英国，说一口流利的英语，她说："这是图瓦卢第一次接待中国大陆的旅行者，我们非常重视。"

下榻的旅馆为二层楼，共16个房间32张床，这是图瓦卢唯一一

● 土著人的欢迎仪式

● 总理的住宅

家旅馆，没有电视，没有热水，冲澡只能用冷水，不过冷水是温温的。

放下行李，在总理侄女赛勒·萨乌法图女士的带领下，去参观总理官邸。官邸是非常普通的住宅，没有警卫，也没有院墙，有两个大水罐，一个大木棚。

晚上，在机场旁边的传统会堂马尼巴，总理埃内尔·索波阿加出席了全国妇女代表大会歌舞晚宴。在这里，我又一次走进大厅见到总理。埃内尔总理对来自8个岛上的妇女代表说："虽然全球性气候变暖导致海平面逐年上升，但我们一定要勇敢面对，好好生活每一天。"随着晚宴的开始，晚会也推向高潮。大家沉浸在欢乐之中……

深夜，图瓦卢的上空，荡漾着欢快的歌声。

图瓦卢，这个小小的岛国，将要被淹没了！透过夜光，看到这里的人们并没有失去生活的勇气和信心，他们很坦然，也很淡定，乐观面对

去大洋洲 | Go to Oceania

未来……

次日，苏珊娜女士陪同踏访。当提及图瓦卢国家将被淹没的情况后她介绍说："从1993年到目前，图瓦卢的海平面总共上升了9.15厘米，按照这个速度推算，50年后我们的国土将沉入海中。全球气候变暖导致极地冰川融化，引发全球海平面上升，使海拔极低的岛国图瓦卢日渐沉没。2003年11月，图瓦卢领导人在一份声明中宣布我们对抗海平面上升的努力已宣告失败！在联合国大会上，我们的总理一次次向全球宣告我们将失去家园！"

图瓦卢在波利尼西亚语中意为"八岛之群"，全国共由9个环形珊瑚岛群组成，其中8个岛有人居住。地理位置南纬5°39′~10°45′、东经176°~179°51′，海拔最高处4.5米，是世界人口第二少的国家，仅次于梵蒂冈，也是仅次于瑙鲁的世界第二小海岛国家。首都富纳富提位于主岛，面积仅2平方公里，人口不足4000人。图瓦卢国小，但历史悠久。1568年西班牙航海家门达尼亚首先发现这一环岛。1819年，英国船队开到这里，命名为"埃利斯群岛"。1892年后成为英国的殖民地。1942年被日本占领。1978年图瓦卢宣布独立，并成为英联邦特别成员。

苏珊娜女士介绍完国情后说："人们都认为我们国土面积26平方公里，其实，随着海水的淹没，面积逐渐在缩小，目前总面积已不足20

● 两边是大海的长条岛最窄处不到20米

● 被淹没的农舍摇摇欲坠正在下沉

● 被海水吞噬的房屋

● 海水已经淹没和正在淹没的海岛

平方公里,比瑙鲁还小,很多房屋已接近水面。"

　　走在首都富纳富提,看到居民多穿蓝色衬衫和短裤,赤着脚行走在地上。街上都是低矮的小屋,掩映在绿树丛中。富纳富提岛是一个窄小的长条,长约2000米,宽50米,沿着马路走看到两边全是海。当走到最窄处,目测最多不过20米,走到北边的尽头是一个垃圾处理站,返回走到岛的南部尽头,立有欧盟标志的卫生组织保护环境的标牌。

　　在这里,我走访了一位正要下海的渔夫,他说:"我家的住房是爷爷盖的,现在的海水已经上升到家门口,但是我很踏实,因为有政府呢!"

　　富纳富提岛最宽的地带处在中部,顺岛的走向建有一条机场跑道,跑道没有栏杆,没有围墙,两边都是居民。在机场跑道,有打排球的,有跳舞的,还有遛狗的。走访当地居民时,好像对海岛的淹没不以为意。

● 在机场跑道上推车遛狗和玩耍的孩子们

去大洋洲 | Go to Oceania

在飞机跑道上还看到摩托车、自行车，行人不断，自由穿行。对此，我感到很新奇。原来，这里每星期只有一个航班。飞机起和降时都要拉响警笛，示意人们赶快离开跑道。平日里，还有不少居民夜宿机场，睡在跑道路面上。2012年，英国威廉王子来到图瓦卢，听说当地人晚上睡在机场跑道很感兴趣，感叹这是天然的望星空高级宾馆，很潇洒。于是，他也想在跑道上睡一夜，但在图瓦卢总理的反复劝说下放弃了，最后还是住到游轮上。威廉王子走后，当地人将机场戏称"望星空宾馆"。

总理府坐落在机场边，可以随便出入。走进总理府，只见外交部、财政部、教育部等国家机关全部在此办公。当来到三楼，一不小心走到总理办公室门口也没有任何人阻拦。走下楼梯时，外交部一位官员说："这是全国最高的建筑。若干年之后，如果图瓦卢沉入海底，总理府还会浮

● 海水紧逼总理府

第六章　波利尼西亚（岛群）：多岛群岛

● 全国仅有的一辆公交车

在海面上，到那时候，图瓦卢的总理府将成为海平面上的一大景观！"

图瓦卢首都不大，沿街看到家家户户都有储水罐。原来此地没有自来水，人们要用水罐接雨水饮用。这里只有一部公交车，一家银行，一家医院，一所学校，一处邮局，一家饭店，一家书店，不到两个小时全走遍了。

中午，我走进当地居民埃欧尼家做客。屋内木地板上铺着芭蕉叶，盘子用芭蕉叶编织，碗是椰子壳，烤鱼用芭蕉叶裹，米饭用树叶包，一切都是原生态的。举杯敬酒，苏珊娜女士说："这里有个习俗，忌讳'3'和'13'，认为这两个数字不吉利，如13个人不能同坐一起吃饭，敬酒时只能连续敬两个人，不能敬第3个人，否则会被视为不礼貌。"

去大洋洲 | Go to Oceania

探访即将消失的图瓦卢学校

走进图瓦卢富纳富提唯一一所中小学,学生们正在草场上玩耍、嬉闹、游戏,天真的孩子们好似根本不理会国家下沉这一现象。我走访了5名学生,其实,他们每个人都关注自己祖国的命运。

这所学校坐落于海边,正在面临被海水吞噬……

● 课堂外即是大海

| 第六章　波利尼西亚（岛群）：多岛群岛

陪同踏访的是总理的侄子塔法基·赛姆先生，他毕业于澳大利亚大学，说一口流利的英语。他走过来对我说："下一节三年级二班上历史课，欢迎指导。"当走进二班教室，后墙上贴满了学生们的书

●校园

画、作文。很多文章都涉及祖国被淹没的感想。还有一幅学生画的全国地图，上面写着：祖国，我爱您！

"叮——"一声铃响，上课了。学生们一下子涌进课堂。老师走上讲台，面目沉重，在黑板上画了一幅图瓦卢示意图，接着深沉地讲："同学们！看到了吗？这就是我们可爱的祖国。我们承认，图瓦卢很小，但是我们在联合国有一席投票权啊！然而，这个投票权还能延续多少年？就看我们国家存在到哪一天！孩子们！我们的国家一路走来，异常艰辛。先后被英国、日本等国侵占，二战时还遭到日军的轰炸，我们都坚持下来了。但是，现在我们面临着全球性环境恶化、气候变暖、海平面上升的现象，我们的祖国即将沉入大海！这比侵略还可怕啊，孩子们！我们的生存空间不多了，希望你们努力学习，长大成人后，呼吁全世界人民杜绝环境污染，让我们的父老乡亲们晚一天离开我们的祖国、我们的故土……"

这位老师在接受采访时说："2008年北京奥运会，图瓦卢的马诺阿

去大洋洲 | Go to Oceania

● 海运学校标识

参加了比赛。然而赛前,他是去斐济训练的,因为海水的淹没,本国连一条100米长的跑道都没有。"

在图瓦卢另一个岛——阿马图库岛,也建有一所学校,名为海运学校。在塔法基·塞姆先生的陪同下,乘船只用了10分钟,便抵达海岸。

上岸时我看到,海浪足有3米高,而海岛最多也就是半米多高吧。海平面的升高的确给这里带来严重威胁。

阿马图库岛码头竖立着图瓦卢海运学校的牌匾和学校示意图,两个穿校服的学生站岗守护。校长得知有中国来客,很快拿来了椰树果,用鲜汁迎接。炎热的天气,椰汁是最天然的饮料,我一边喝一边听校长介绍学校的情况。

海运学校之前为"图瓦卢第一所伦敦传教士协会男子使命学校",

是 20 世纪初英国一位牧师在这里创办的,迁走后只留下遗址。这所海运学校是在原校址的基础上创建的,目前在校生 140 人,分别来自图瓦卢 8 个岛屿,学业期满后将被分配到其他海岛国家的商船或货轮工作,收入将汇到国内。学校的办校宗旨是:珍惜自己的祖国,不忘自己的母校。

当谈到珍惜自己的祖国时,校长语气沉重:"图瓦卢的诸岛都在被淹没之中,我们脚下的阿马图库岛,已被海水淹没掉三分之一,用不了几年这个岛将消失……所以我们在教育学生时说,不管走到天涯海角,都要呼吁世人爱护生态环境,减缓海平面上升速度,即使有那么一天阿马图库岛沉没,学校被淹,也不忘记母校!它的毁灭,是人类破坏环境所致。"

在校长陪伴下,我参观了"男子使命学校"原址,考察了英国牧师居住的地方,还去了保存完好的一座古老的圆顶教堂。之后,走访了现在的海运学校教室、宿舍、餐厅及活动的场所。

阿马图库没有民居,只有教职员工的家属宿舍和一个议事厅。休息时,校长亲自跳到大海中抓到一条大鱼托上岸来,他说:"本来想摸些龙虾,但是天太亮,龙虾只有黑天才出来。平日里,两个人一小时可抓 20 只龙虾,每只都在两公斤以上,非常鲜嫩!"

阿马图库岛长有很多诺丽树。在一棵诺丽树前,塔法基·塞姆先生专门摘下诺丽果实,讲解了它的药用价值及疗效,他最后说:"阿马图库岛面临被淹没,诺丽树也将遭受灭顶之灾!"

追寻生存空间的图瓦卢人

图瓦卢的命运已是倒计时,在富纳富提采访,感受到每一个人都在为国家的命运担忧,都在寻找生存空间。

我的住地与总理府只一墙之隔,便走进财政部了解情况。一位官员说:"图瓦卢人主要是靠椰树果实、打鱼和外出打工者的汇款为生,生

● 聘请外来专家考察本地可利用资源

第六章 波利尼西亚（岛群）：多岛群岛

活并不富裕。面对国家将要被淹没的情况，政府考虑过从澳大利亚或新西兰买一块土地，举国大迁移，也考虑过在斐济投资一个项目让年轻人先搬过去。但政府的财力是有限的，所以我们还在思索、求助。"

走进旅游局，这个部门的人最多。一位女士接受了采访，她说："目前我们国家提高收入最可行的是发展旅游业。眼下，很多外国游客提出申请到图瓦卢来，最后看一眼将要没入大海的国家。但是，我们的接待能力有限，只有一家旅店。为此，政府鼓励居民开办家庭旅馆。我们也正申请将航班由过去的一周一次改为三次，渡船也要增加班次，以接待更多的游客，这应是一笔可观的收入！"

出总理府右转，沿街而行。听说图瓦卢的邮票在全世界有名，便走进图瓦卢邮票发行处。这里尽管只有一间平房，但占地面积很大。桌面上摆着各式各样的邮票，都是图瓦卢的风土人情，有海岛风光、古朴建筑、历史人物、民族服装、工艺雕塑、珍惜鸟类等，方寸之地显特色，真是丰富多彩，非常漂亮。我购买了多套，以纪念这个即将消失的国家。一位女士一边给邮票盖章，一边介绍："我们与上百个国家建立了邮递业务关系，邮票很受外国人欢迎，我们的邮票是国家一大笔收入。"

返回旅馆，上任总理萨乌法图·索波阿加来到我下榻的住地，他是现任总理的哥哥。显然，是由他的弟弟介绍而来，目的是寻找

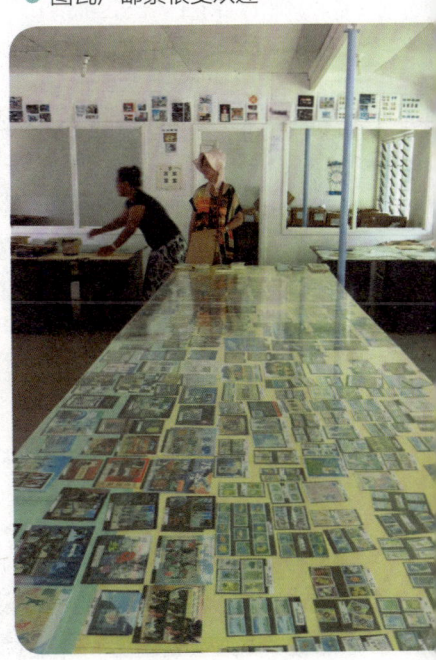
● 图瓦卢邮票很受欢迎

/209

去大洋洲 | Go to Oceania

合作项目，寻求新发展空间。我们谈了一个多小时，内容主要围绕诺丽饮料加工项目。前总理说，这里的海岛上遍地生长着诺丽树，诺丽树的根、叶、皮、果实全是宝，可以治疗多种疾病，很早很早以前当地土著人就利用诺丽树的叶子及果实治病，但外界并不知情。美国和日本在太平洋作战时，美国军医发现将诺丽树叶贴在伤口上很快就会痊愈，为此采摘树叶为士兵治疗伤口。后又发现此树果实还能防治腹泻、呕吐、头痛等，便带回国内研究，发现其对高血压、高血脂、高血糖疗效显著，便在美国生产这种胶囊。其产品在美国很畅销，使用的广告词是："把桌上的保健药都推掉，只剩下诺丽，诺丽含有其他所有保健品的有效成分。"中国也进口这种保健品，每瓶售价600元。为此，图瓦卢也想开发诺丽树的丰厚资源。前总理讲完后，我问："图瓦卢将要从地图上

● 业余推销员

● 乐观的岛民

第六章 波利尼西亚（岛群）：多岛群岛

抹去，谁敢在这儿投资呢？"前总理回答："你知道吗？图瓦卢要沉入大海，会引发全世界人民的同情心！如果诺丽饮料项目成功推出，那么全世界的人都会购买，以弥补我们心灵上的创伤！"

他的一番话，引起我一阵思索……

面对海水上涨的威胁，面对即将失去家园的危险，图瓦卢人没有放弃，他们还在努力寻找生存空间。这不能不引起世人的反思！而将要被淹没的何止一个图瓦卢？还有马绍尔群岛，基里巴斯等岛群。若再无序破坏环境，如果冰川完全融化，海平面继续升高，再加上失去臭氧层，全人类将不复存在……

图瓦卢告急：请保护环境！

地球在呼唤：请杜绝污染！

● 机场跑道

"美女之岛"萨摩亚

● 原籍福建人的后裔

● "美女之岛"的本地女孩

汽车沿太平洋海岛——乌波卢岛北部的海滨大道行驶。一边是一望无际的太平洋,一边是浓密的山林。蓝和绿的接壤处是一条金黄色的沙滩,高大的椰树伸进大海。

这就是萨摩亚,典型的海岛风光!它被称作"澳大利亚和新西兰的后花园""波利尼西亚心脏""教堂之国""太平洋上的天堂""世界上最强壮的民族",还有"美女之岛"的美誉。

"美女之岛"的称谓源于这里的很多风情万种的混血美女,这让萨摩亚增添魅力。萨摩亚有波利尼西亚人种的萨摩亚人,皮肤为浅棕色,还有其他太平洋岛国人、欧洲人、华人、蒙古人、澳大利亚人等。多方人种的

● 萨摩亚风格各异的议事厅

混血成就了靓男美女，给这个岛国增添了迷人的色彩。

萨摩亚群岛位于太平洋南部，由萨瓦伊和乌波卢两个大岛及8个小岛组成。各岛山峦延绵，火山很多，有"火山群岛"之称。首都阿皮亚坐落于第二大岛乌波卢岛，该岛的形状像一块红薯，全国总面积为2934平方公里，人口19万，其中首都有4万人。

汽车在公路上飞驰，让人新奇的是，马路两边用染成各种颜色的椰树壳作装饰，时蓝、时绿、时红，排成长串，顺着公路延伸到远方，煞是好看。有的路段，两旁还用石子摆出长龙阵。这里并没有像其他国家那样路旁栽种行道树，这就是萨摩亚的特色，独树一帜。

让人不解的是路边的村寨里家家户户都建有一个尖顶廊厅，只有顶棚，没有外墙，更谈不上窗户，支撑顶棚的是四周的若干个廊柱。廊厅建造得五花八门，式样各异，色彩不一，大小不同。顶部有的用茅草，有的用铁皮，有的用瓦砾。蓝色的、褐色的、绿色的、红色的，多彩多样，有的比较豪华，有的非常简单。为什么家家户户在门前建造廊厅呢？带着疑问，向当地司机询问。原来，这种尖顶廊厅是议事厅，萨摩亚语为"法雷"，法雷的作用是全家或全村集会之场所、议事之场地，如举办婚礼或葬礼等大型活动等。这些法雷是一种文化，是古老的传统，保存了数百年，使之充满了魅力。据悉，萨摩亚共有362个村庄，1800个首领。

环岛行的路上，目光中还出现很多教堂。它和议事厅一样，多种多样。不过比议事厅要大得多、漂亮得多。看吧，每过一个村寨，都有一个教堂，甚至有的村庄出现多个教堂。教堂有尖顶的，有礼堂式的，有多塔状的，有的教堂建造得像宫殿一样。不过，教堂的颜色不像议事厅那么华丽多彩，多是灰白色的。为什么村村都有教堂呢？司机回答说："萨摩亚是一个宗教颇多的国家，有教堂的地方就有村落，有村落的地方就有教堂。每个村子可以有多个教堂共同存在，村民各信其教，互不干扰。教堂活动程序为：唱诗班唱歌、祈祷、读圣经、听牧师布道。星期日为萨摩亚人的休息日和礼拜日，停止一切对外活动用于祈祷，宗教在萨摩亚人日常生活中占据了非常重要的位置。"

难怪，萨摩亚被称为"教堂之国"。那么，为什么这个国家有如此多的教堂呢？

陪同踏访的国家外事部门的萨女士说："这源于历史，19世纪起德、美、英相继侵入萨摩亚。一战时被新西兰占领，先后被4个国家交替侵占，并成为其殖民地，随之而来的是不同国家不同传教士的登陆，传输不同教派的不同信仰，于是，不同教派的不同教堂相继而建，出现了众多教堂。从教派上讲，有五种，基督教是第一种。由于萨摩亚人民都有信仰，所以犯罪率几乎是零，家家户户夜不闭户，被誉为"全世界治安最

● 大教堂

第六章　波利尼西亚（岛群）：多岛群岛

好的国家"。

在首都阿皮亚建造的教堂更高大，更宏伟，更壮观。矗立在市中心海滨大道上的阿皮亚基督教大教堂是全国最大的教堂，其钟塔拔地而起，直上云天。教堂大厅宽敞明亮，这是太平洋岛国少有的大教堂。教堂里面的装饰更是豪华精致，尤其是天花板上的壁画，窗户上的绘图，前台上的木刻，非常精巧。

阿皮亚红顶大教堂建在山顶上，别有风格，其最大的特点是教堂两边没有墙体，全部敞开，只有几根廊柱。透过廊柱，可以看到教堂另一面的远山丛林。这种敞开式的建筑，类似萨摩亚农村的议事厅，即法雷，

1、由中国援建的政府办公楼
2、首都地标钟塔
3、国会大厦

/215

这种教堂世界独有。

首都阿皮亚城区不大,保留了殖民时期的一些建筑。在此,踏访了联合国教科文组织在萨摩亚的办公场所,看了德国纪念碑、海啸死难者纪念碑、昔日德国升旗之地、国会大厦、司法大楼、独立纪念碑。之后,来到新建的政府办公大厦,这是中国援建的,非常漂亮大气,是整个阿皮亚的地标建筑。中国早在1975年就与萨摩亚建交,中萨人员和贸易交流不断。

提到中国元素,翻译为中文版本的《金银岛》早已为中国读者所熟悉,其作者史蒂文森已深深扎根于中国文学爱好者的心中。史蒂文森居住在与红顶教堂遥相对应的一处庄园,现已开辟为博物馆,那是他写作的地方。走进建在大片草坪中的楼阁,感受到这里环境的优美。史蒂文森在此完成了他一部部大作,流芳百世。在解说员的引领下,参观了史蒂文

● 作家史蒂文森故居创作室

第六章 波利尼西亚（岛群）：多岛群岛

森的卧室、书房、钢琴房、餐厅和他当年写作的地方。在书柜里，摆有翻译为中文版本的著作《金银岛》。解说员讲解了史蒂文森的情况。

史蒂文森是英国浪漫主义作家，代表作为《沃尔特·斯科特爵士》《金银岛》等。史蒂文森1850年生于苏格兰爱丁堡，1890年来到萨摩亚阿皮亚，购买了1.6平方公里土地定居下来，专注于写作。1894年12月3日晚上，史蒂文森打开葡萄酒时，突然倒下去世，年仅44岁。他被埋在瓦埃阿山，以眺望太平洋。史蒂文森一生创作了很多小说，最著名的作品为《金银岛》，是一部关于寻找海盗藏宝的冒险小说，已被改编成电影。这部小说深受中国读者喜爱，尤其是少年儿童。

中国人到达萨摩亚的历史已久。1903年，在德国统治时期，曾从中国招来三批劳工到萨摩亚种植椰树、香蕉，有数千人之多。然而在新西兰管理时期种族歧视明显，许多华人纷纷回国，留下的多是与当地人通婚的华人。目前，混血华人超过3万，数量在外来血统中占首位，混血华裔女士个个漂亮动人，既有岛国女子的洒脱，更有中国女性的柔美。在下榻的宾馆，一位混血华裔女士在接受采访时说："我的老太爷来自中国的福建，在这里以种面包树为生，并与本地女人结合，我算是华裔第四代了。这里盛产面包树，其果实很好吃，十棵面包树可供一个人吃一年，且栽种极其容易，一小时可种植十多棵。生活在这里很幸福，但也很想去中国看看！"

萨摩亚，美景、美女，一个让世人追寻的世外桃源……

去大洋洲 | Go to Oceania

探秘汤加王国

　　信步于汤加大地，这真是王国的领地！173个岛屿，747平方公里国土，全部归属国王管辖。全国10万多人，全都归国王统帅。这里的等级制度森严：国王、贵族、平民。所有土地由国王掌管，国王分配给贵族，贵族再分配给平民，不得买卖。

　　汤加王国，太平洋岛国中唯一的君主制国家，唯一世袭的王国，一切权力都握在国王手中，只有贵族才能被任命为内阁大臣。

　　这就是汤加！以椰树为屋、树皮为衣的国家。

　　汤加王国首都努库阿洛法坐落在主岛汤加塔布岛北海沿岸。汤加国

● 坐落在主街道的汤加政府办公楼及总理办公室

第六章 波利尼西亚（岛群）：多岛群岛

名源于主岛的名字。汤加在当地语中意为"圣地""神岛"。首都3万人，其中华人800多。汤加历史上遭荷、英、西入侵。二战时日本战机围岛欲轰炸，但人们事先拆了木房，钻到森林中隐藏，日军误判此地为无人岛，故没有投下炸弹，汤加岛因此躲过一劫。

沿着首都城区主街道由南向北，过政府办公大楼，走到尽头是一望无际的太平洋，海岸边上即是汤加国王的皇宫。只见一片绿草坪中，建有一幢白墙红瓦建筑，国王就住在这里。皇宫建于1867年，三层建筑均是椰树木质结构。

● 幽静的皇宫

大海掀起冲天的波浪，林中小鸟自由自在地飞翔。站在汤加皇宫前，陪同踏访的国家外交部门的库娜女士介绍："早在1000多年前就建立了汤加王国。自公元950年起至今，汤加经历4个王朝、数十任国王。现为1845年乔治图普一世建立的陶法阿蒙王朝。现任汤加国王为图普六世,他就住在前边的皇宫里,你看,汤加王国的国旗已经升起来了,说明国王在。此地是汤加最神圣的地方。"

汤加王国的陵地处在主街道的南端,面积比皇宫大,约6个足球场大小,用铁丝网拦起,里面全是草坪,中间地带是历代国王的神灵之地。陵地没有人守卫,但严禁人们进入,陵地北边和东边分别是古老的塔顶和圆顶教堂。向导说:"汤加人过世,不管是国王还是平民,葬礼都很隆重,很多人包括国王都会参加。汤加人认为,全国都是一家人,都是同一个祖先,同宗共祖,一脉相承,皆是王室的后代。"

汤加王国是太平洋诸岛中历史最悠久的王朝。那么,第一个王朝地址在什么地方呢?库娜女士说:"第一个王朝的皇宫遗址在岛的东部,那里是汤加王朝的起源地,外国客人来汤加都要到那里去,领略一下千年的皇宫遗迹。"

汽车离开首都,向岛的东部驶去。车窗外皆是热带植物,间或一些村庄和教堂。利用行车的时间,库娜介绍了汤加王国王室的一些情况。

● 国王陵地

| 第六章　波利尼西亚（岛群）：多岛群岛

　　库娜说："前任国王即图普五世是现任国王图普六世的哥哥。图普五世国王没有结过婚，他非常亲民，视百姓为家人，深受人民爱戴。但好景不长，他出访时因病死于香港，是中国派专机将其遗体运回汤加，举国上下感激中国的友情。"

　　库娜女士还讲了汤加王国萨洛蒂女王的故事。那是20世纪50年代，萨洛蒂女王感到汤加王国名气不大，为了扩大汤加在全球的知名度，她想去英国会见女王。为此，她乘船千里迢迢赶到英国，下船时恰逢大雨，她被雨水淋成落汤鸡。她怀着一颗赤诚的心请求会见，当伊丽莎白女王见到远道而来且浑身湿透的她时，被感动了，才知道地球上还有一个汤加王国。于是，英女王答应了请求，专程到汤加回访。

　　现在女王的孙子负责汤加的教育部门，她鼓励汤加人去中国读大学，由国家出资。

　　去往汤加皇宫遗址途中，顺路参观库克登陆点和汤加王国王室人员陵地。王室陵地杂草丛生，看来年代已久。但有一处陵寝是新的，那是王子和王妃的陵地。2006年，王子和王妃出访美国因车祸丧生，埋于此地。

　　经过一个多小时的车程，到达主岛的最东部，海岸线上渐渐露出了皇宫遗迹。这是一片荒凉的草地，偶见石头瓦砾，最明显的标志是三块巨石架起的拱门。这是公元1200年第一个王朝第11任国王哈阿蒙加的皇宫遗址。拱门两侧的巨石高5米，门梁石条长6米。天长日久，拱门摇摇欲坠，在风雨的侵蚀下已破败不堪。旁边立有一个标牌，介绍了旧皇宫的一些情况。在三块巨石拱门柱不远处还有一块巨石，也保存了下来。据图片介绍，这是皇宫遗址的一部分，经科学考证，是当年国王座椅后的石壁，上面依稀可见文字的记述。在参观现场，库娜说："汤加还有一块重40吨的日历石，巨石顶端刻有一年中最长的一天和最短的一天，以及太阳初升的标记。这些巨石记述了近千年的历史，价值不可估量，我们准备申报世界文化遗产，让更多的人认识汤加王朝。"

之后，汽车又开向岛的最西部，来到1662年英国传教士的登陆点。岛西和岛东的地理风貌截然不同。岛东是珊瑚礁岛，地势平坦，海拔高

● 旧皇宫遗址拱门

● 喷潮洞

第六章　波利尼西亚（岛群）：多岛群岛

度至多30米；岛西由火山形成，起伏不平，海边有成千上万的熔岩穴。岩穴在潮水海浪的作用下，形成闻名于世的"喷潮洞"。喷潮洞在海浪的冲击下，喷薄而出的水柱、水花、水泉时隐时现，间接喷洒的冲天水柱有的高达30多米，可与美国黄石公园的间接喷泉媲美！喷潮洞中如此高的喷泉，成为南太平洋一大奇观，更是汤加王国的一大亮点，吸引世人前来观光。

汤加首都城区很小。在此，我参观了国会大厦、政府办公楼、二战纪念碑、综合市场、手工艺品商店、民族文化村等地。

走在市区街道，发现这里的中国元素很多，其中有中国人参股的银行，中国援建的公路，中国人开的中餐馆，中国人办的超市等。如果说这里的地标，应属中国大使馆和中国援建的码头。中国大使馆建在海边，颇具中国建筑风格。而中国援建的码头深印在汤加人民心中，码头纪念碑基座上写着：乌那码头项目由中国土木工程集团承建，使用中国政府优惠贷款。2012年12月10日汤加国王图普六世、中国驻汤加大使王东华为乌那码头启用揭幕。

在汤加，我还拜会了汤加王国王子，他是汤加王朝第41代。与王子握手时，

● 街头售卖树皮布等特产

● 拜会王子及王子之妻

他一再表示欢迎中国客人，欢迎造访汤加，汤中友谊万古长青。王子长得很帅，高大魁梧，他高我一头还多，宽我一倍有余，体现了汤加以胖为美的审美。

由此，想到汤加人的体型。两天来，走在汤加大街上，满眼都是体型丰腴的人，包括陪同的库娜女士。后来了解到，汤加人以胖为美，特别是女人，体型发胖到一定程度才能博得男人喜

● 树皮编织传统工艺

第六章 波利尼西亚（岛群）：多岛群岛

欢，才能嫁得出去，否则将成为剩女，嫁不出去。在装扮上，女人会在腰部一圈一圈围着树皮编织的布料，以加胖体型。难怪，汤加有"胖子王国"的美誉。

在汤加，我特意走进土著人村寨，观看了歌舞表演和树皮布制作工艺。

汤加，太平洋岛国上的唯一王国，神秘多彩！

汤加，这块古老的土地，奇幻万千！

● 传统舞表演

● 土著人迎接客人

"袖珍小岛"纽埃（新）

仅有一条小马路、一个小渔港、一座小教堂、一家小医院、一处小店铺……这，就是小小的纽埃。

纽埃尽管是很小的一个岛，但它却是内部完全自治，并实行总理负责制，不设军队，防务和外交均由新西兰协助。

小岛自有小岛的难处和困境。纽埃岛原本是荒岛，无人居住。

● 纽埃唯一的一条主街道

第六章　波利尼西亚（岛群）：多岛群岛

● 风景优美的纽埃地标海岸空洞山。中国前外交部长李肇星曾说过："从来没看见像纽埃这样美丽的国家。"

1000多年前，波利尼西亚人陆续登岛定居，以打鱼为生。1774年，英国人库克船长发现该岛，到1846年英国伦敦传教士登岛，1900年成为英国的保护地。1901年作为库克群岛的一部分。1904年纽埃岛单独设立行政机构。1974年新西兰率先承认纽埃的自治权。2004年1月，纽埃被热带气旋和飓风袭击摧毁，全岛房屋农舍夷为平地，造成重大伤亡。这个仅有上千人的小岛，自治政府无力支撑，于是寻求新西兰的帮助，并要求在经济、防务、外交等方面给予支援。这就是纽埃岛特殊的管理模式。

纽埃不是联合国成员国，但是联合国教科文组织、世界卫生组织、世界粮农组织等成员。纽埃与新西兰的关系密切。新西兰是在纽埃首先设立驻外代表机构的国家。纽埃与中国关系友好，2007年纽埃同中国建交。

纽埃岛处在波利尼西亚岛群，位于南太平洋国际日期变更线东侧，是世界第二大正在上升的环形珊瑚礁，被称为"波利尼西亚之礁"。纽埃西距汤加450公里，北距萨摩亚550公里，东距库克群岛900公里，是个椭圆形岛，周长为64公里，总面积260平方公里、人口1300人。全岛总

● 国会大厦
● 二战纪念碑
● 总理住宅

第六章 波利尼西亚（岛群）：多岛群岛

共 14 个村落，最大的村落阿落菲处在西海岸，是政府办公机构所在地，集中了岛上 80% 的人口，通用语言是纽埃语和英语，75% 的居民信奉埃克利亚纽埃教。

走在阿洛菲街上，冷清又寂静，看不到几个人。只有一条街、一家邮局、一家影院、一家电台、一所小学、一个超市、一个旅馆、一个……但人们过得很滋润、快活。我走进仅有的一家医院，值班医生说："岛上大部分年轻人都到新西兰谋生，只剩下老弱病残。这个医院共 3 名医生、24 张床，大病需要到新西兰去治。"

沿街而行，我又来到政府办公地，一位职员接受了采访。他说："纽埃共有 20 个议员，总理承担好几项工作，包括行政、司法、文化、艺术等，都需要直接管理。不过千八百人的岛，人人都认识，相互都熟悉。"谈及财政，得到的回答是：该岛的一大块收入来自离岸公司。

在纽埃踏访中看到，最好的建筑是机场。尽管每个星期只有一趟航班，但机场的规模和风格很有特色，是纽埃岛一道亮丽的风景线。

● 总理住宅

走进库克群岛(新)

从飞机上俯瞰,库克群岛主岛拉罗汤加岛像块椭圆的土豆,漂浮在大海上。

库克群岛以"库克"命名,说明库克最早到过这里。那是1773年,英国库克船长在太平洋海域探险,看到赤道边这些岛屿,便以自己的名字命名为"库克群岛"。当年,库克在太平洋探险发现了很多岛,但唯独将这里用自己的名字命名,可见库克应该很看重这些岛屿。库克群岛共15个岛屿,总面积240平方公里,总人口2.3万,因为岛上有众多的椰树、柑橘、菠萝、香蕉等,有"南太平洋果园"之称。

库克群岛实行内部完全自治,并实行总理负责制,不设军队。防务和外交由新西兰协助。1997年与中国建交。

库克群岛主岛拉罗汤加岛首府阿瓦鲁阿处在主岛的北部海岸,坐落在6个村庄中,住户不超过3000人,是个很小的地方。

阿瓦鲁阿只有一条主街道,沿海滨路,不出百米,竟有三处中国援建的项目。一处是公安局,一处是司法部,再就是拉罗汤加供水项目。

| 第六章　波利尼西亚（岛群）：多岛群岛

● 库克群岛主岛的主街道

● 中国援建的水利项目门前的石雕

供水项目处在新西兰驻库克群岛办事处旁边，很远的地方即可看到供水项目基地前竖立的石碑。石碑的雕塑是一个放大了的巨型鱼钩，在日光下折射出耀眼的光芒。鱼钩是海岛人的崇敬之物，他们认为鱼钩是财富之源。信步于街头、店铺、农舍，甚至走进国会大厦、总理府、住家，常常会看到鱼钩雕塑、雕刻。这里有一个说法，渔民拿着鱼钩下海，不仅可以钩鱼，还可以把海洋中的万千财宝钩上来。海岛人相信，太平洋诸岛是鱼钩钩上来的。为此，他们崇尚鱼钩。

阿瓦鲁阿只有一家医院，一处宾馆，一所学校，还有一处监狱。走进监狱后才发现真是太小了。狱中关有 24 名犯人，平日主要是制作手工艺品。一名穿便衣的警官说:"看起来铁丝网很高大,其实对犯人看管不是太严,因为他们跑不出海岛。"在狱中,参观了犯人制作的工艺品,很精致。

因为城区太小,博物馆还包含了图书馆、书店,三位一体,合并在一处低矮的平房里。尽管建筑很不起眼,但外墙上的一幅画特别惹人注目。壁画是一本打开的书页,从页面上冒出很多物种,说明图书具有获取知识的力量。博物馆旁的院落里,展出了一些文物,记述库克群岛的历史,对面是一尊"母爱"的石雕,主人公慈

● 博物馆前的母爱雕像

● 博物馆外墙上的壁画

● 国会大厦

● 总理府

祥深情地紧紧抱着她的孩子。

库克群岛的居民多信奉基督教，也有15%的人信奉天主教。这里的三处教堂各有千秋。一处是隐藏在树林中的教堂，规模不大，但教堂前一本巨型经书的雕刻令人叫绝，掀开的经书页面足有一间房子那么大，很引人注意。第二座教堂坐落在山脚下的树林中，是英国殖民时期建造的，为当地最古老的建筑。另一座教堂建在陵地中，旁边是一处牧师培训中心。这么小的城镇，有三座各具特色的教堂，可见当地人对信仰的执着和追求。

在城区，还去了总理府、国会大厦、二战纪念碑、海港、海滨公园、沉船遗址，其中，总理府和国会大厦小得不可想象。昔日英国总督代表处非常隐蔽，坐落在岛南海边的树林中，院墙外有一尊圆形石碑雕塑，算是总督所在地的标识。

落日、云霞、红浪。拉罗汤加岛，沐浴在霞光中……

夜幕徐徐降落，阿瓦鲁阿，亮起千家灯火……

● 教堂及巨型经书

● 中国援建的司法厅是库克群岛地标

畅游月亮岛

晨曦,一抹红霞洒向天际。

穿行在库克群岛主岛拉罗汤加环岛公路上。从北海岸城区顺时针行车半个多小时来到东海岸,沙滩对面即是科罗姆欧泻湖岛,当地人称"月亮岛"。

科罗姆欧岛是库克群岛中的一个小岛。

沙滩上有很多人,儿童居多,他们或玩沙,或拾贝壳,或追逐嬉戏,最有意思的是玩吊绳。一条20多米长的绳索拴在岸边的大树上,孩童们抓住绳头,一拥荡在空中,发出"吱呀、吱呀"的喊声,飘荡在水面上……

等待去科罗姆欧泻湖岛的人很多。十分钟后,"呜——"突然听到一声海螺号,接着开过一条游船,人们一拥而上,漂浮在泻湖中。所谓泻湖,就是围绕岛屿外面的浅水区,有缺口连着大海。水大了为海,水小了为湖。

游船破水前行,扬起一阵浪花。船上的6名船员凑在一起连弹带唱,

● 去往科罗姆欧岛看空中飞人

● 船上演唱

连喊带跳，吸引着船上20多名乘客，好不热闹。琴停弦止，船员手拿一块绿色布条，在身上缠来缠去，转眼缠成裙子，转眼又缠成旗袍，转眼再缠成短裤。

"呜——"又是一声海螺号，船停了。海面上很多鱼游过来，有黑有白，有红有黄，五彩缤纷。这时，一名船员跳到海里。顿时，成千上万的鱼围拢过来。人，在鱼群中钻；鱼，在人身上转。原来这又是表演，因为船员手里攥着一个面包，不断向鱼抛去，为此引来很多鱼食。库克群岛人真是想着招儿吸引游客，变着法儿让人们兴奋。

接着，船员从船舱里搬出很多泳装和呼吸器，分配给所有乘客，准备下海潜水，这是一项很有意思的活动，让你亲身体验大海的滋味。穿戴完毕，人们一个个跳下海，在船员的护卫下，潜水、浅泳、看海底世界。海水清澈见底，至多一米多深，没有浪花，只有波纹，因为这是潟湖；没有大风，只有微拂，因为周围都是岛屿遮挡。游够了，玩痛快了，大家纷纷上船，游船又开动了……

半个小时航行，到达科罗姆欧岛。哇！这真是一个美丽又神秘的海岛。

● 潜水　　● 水下鱼群

第六章 波利尼西亚（岛群）：多岛群岛

● 沙滩恋人

沙滩，海水，椰树。美哉！科罗姆欧！

海水里泡满了人——

椰林里坐满了人——

这就是库克群岛！让人爱恋！

科罗姆欧岛十分神秘。走进岛中，全是原始森林，没有被破坏，保持了原状。

午饭是在林中进行的。饭间，还是那 6 位船员，表演起土著人上树采果，弹唱土著人民歌，讲述椰果的实用价值。这些船员都是当地土著人：真诚、厚道、帅气！非常用心而投入地表演着。

太阳偏西，返程了。大家集结在沙滩上等船。这时，6 名船员分别从沙滩上捡回 20 多只小螃

● 岛上土著人讲述草衣制作

去大洋洲 Go to Oceania

● 水上舞台

● 近距离表演

● 剧情表演

蟹，每人送一只。随后船员在沙滩上画了一个大圆，让人们把手中的小螃蟹扔进沙圈，接着吹一声海螺，小螃蟹在沙滩圈里乱跑。船员喊："快看！谁的小螃蟹先跑出圈外，谁先上船。"话音一落，人们拍手呼喊："快！快！快……"

沙滩上一阵欢笑声，伴着海风，伴着波浪……

船上，木琴又一次弹起，木鼓又一次敲响，歌声又一次响起……琴声发自库克群岛，歌声来自科罗姆欧泻湖……

迎着月光，听着海涛，我们前往 Te Vara Nui，观看当地土著人的盛大表演。

坐在海边，头顶星光，一场独具特色的土著人歌舞盛会在露天里开幕了！

歌唱声，舞步声，音乐声，充溢着海岛，传向四方……

| 第六章　波利尼西亚（岛群）：多岛群岛

在凯利家农舍品尝农家饭

汽车在拉罗汤加环岛公路上行驶，一个多小时的车程，从岛的东部赶到岛的西部，走进爱罗嫩济村。在一片丛林中，掩映着一处宅院，迎面走出一位老者，他就是宅主凯利。接着，他的妻子、儿子、儿媳、孙子都出来迎接。

凯利家的院落看上去有5亩多，分前院、中院、后院，主人引领着一一参观。前院是全家的起居所在地，有卧室、厨房、客厅。中院有泳池、林地和一幢二层小楼。后院是菜园和一座木屋。凯利说："我们父母已过世，埋在前院，我们当地人的习俗是永远和自己的亲人在一起。"

为了晚上这顿饭，凯利专门请来当地两个帮手，用最传统的方式将芭蕉叶

地下烧烤

装盆

去大洋洲 Go to Oceania

裹起的鱼肉、牛肉、香蕉、木瓜、红薯、地瓜、芋头等放进烧热的石堆中埋起来,靠石头的热度焖熟。

等待烤饭的空隙,我与凯利闲谈起来。凯利是土生土长的岛上原住民,妻子是新西兰人,儿媳是混血人,这是一个多民族家庭,经济支柱是渔业和林果。凯利说:"岛民饿不着,一个是海鱼,一个是树果,这两样就够了。海里的鱼虾有的是,单说鱼吧,出海一两个小时船舱就满了;再说果实吧,仅是院子里从树上自然落下的都吃不完。真的,日子过得很安逸!"

夜幕落下,晚饭开始了。在一个三面透风的廊厅里,打开芭蕉叶后,金枪鱼、龙虾、大蟹、海螺、芋头的香味立刻四溢,飘满厅台。哟!好一桌美味佳肴啊!

● 共进晚餐

| 第六章　波利尼西亚（岛群）：多岛群岛

　　开饭了！凯利拨动琴弦，两个孙子舞动脚步，放开嗓门，为来自远方的客人弹啊，跳啊，唱啊！以此助兴。这是库克群岛最传统的礼仪，也是当地人最高贵的待客方式。吃着美味，听着舞曲，望着星空，沉浸在无边的快乐中。这是在太平洋岛国最丰盛的一顿晚餐。

　　月亮露出笑脸，海风吹来凉意。而凯利家的盛宴，还在夜幕中进行……

● 老小弹奏助兴、对酒当歌

"最接近天堂的海岛"塔希提（法）

● 远眺塔希提岛风光

蓝天，白云，红日。

飞机开始缓缓下降。穿过云层，闪过气流，一路直下……

太平洋展现出博大的胸怀，无边无际的海平面就在机窗下，那样沉寂，那样安静，那样坦然。

机窗外出现一组美丽的海岛，郁郁葱葱，好似宝石一般！

这就是塔希提！这就是被誉为"最接近天堂的地方"！

俯瞰塔希提，多像一个"8"字，多像一个宝葫芦，又像一条长尾鱼，等待着你去探寻！

飞机降落在塔希提帕皮提机场。

第六章　波利尼西亚（岛群）：多岛群岛

塔希提！塔希提！究竟什么地方吸引着人们前来？

前来接机的酒店经理李格迪，介绍了塔希提的概况。

塔希提中国港台人的称谓叫"大溪地"。其实，真正的名字就叫塔希提，与释音相近。塔希提岛只是法属波利尼西亚118个岛中的一个，因为"大溪地"的名字而闻名华人圈，很多人误以为法属波利尼西亚就是大溪地，大溪地就是法属波利尼西亚，其实不然。甚至，有些图书中也称它为"大溪地"，可见大溪地的知名度和影响力！

法属波利尼亚总面积4167平方公里，人口29万，其中华人占12%。塔希提岛面积1042平方公里，人口12万。其地形像一条鱼，鱼头鱼身为大塔希提，鱼尾称小塔希提，首府帕皮提就坐落在主岛上。塔希提岛四周由七种色彩的海水围绕，浪涛拍岸，拥簇着海拔2241米的奥罗黑纳山，为此被誉为"最接近天堂的地方"！

帕皮提机场建设得很现代，就坐落在主岛的西北部。

出机场右行即是首府帕皮提市，公路零公里计数从此伸向环岛。在

● 塔希提码头

去大洋洲 | Go to Oceania

向导施西女士带领下，首先去了码头。码头大楼是一幢具有当地民族特色的建筑，宏伟大气，古朴而壮观，这里停靠着多艘巨轮，显示了法属波利尼西亚的气魄。码头对面即是城区主要街道，高楼林立，尤其是沿海滨的不同风格的建筑，有大都市的感觉。

出码头直走便是帕皮提城区最大的菜市场。市场摊位上摆放着很多金枪鱼，分割成大块小块任人挑选，深红色的鱼肉非常新鲜，都是刚从深海中打捞出来的。正在行走期间，四五个老者围上来，满口广东腔搭话。原来，这些人都是华人，他们是很早移民而来，见到中国人非常亲近，其中一个人说："帕皮提有很多华人，1860年就有华人来此岛居住，我们已经扎根在这里了。在市区，还有一座规模宏大的中国庙宇，已成为塔希提的一个重要景点。"

繁华的农贸市场

第六章　波利尼西亚（岛群）：多岛群岛

● 中国庙

中国庙！海岛少见。从此庙看，华人在这里应该是有相当规模了。汽车穿过两条马路，来到一片植有大片草坪的空地，一座壮观的"关帝庙"矗立中央。红墙黄瓦，大红梁柱，木质窗棂，起翘房檐，中国对联，中国牌匾，典型的中国风格建筑。步入庙宇大堂，神像、香炉、壁画、灯笼，一切的一切均是中国版，站在这里好像回归到祖国。门前，有用中文标注的马、龙、牛等字画，有用中文写的建庙史。

在帕皮提还有很多教堂，其中在天主教会的中心，一座Papeete Cathedral教堂是最有特色的教堂。从正面看，米黄色的墙壁，三个红

● 议会

总督府

珍珠馆里采珍珠的雕塑

框窗户,耸入云天的尖塔呈深红色,圣坛上满是热带鲜花。站在教堂外,听着教堂里传出的唱诗班的歌声,心中异常安静。在海滨,还有一座Paofai教堂,这个教堂外表是蓝色基调,也很壮观。

在市区,我还去了总督府、一战英雄纪念碑、议会厅、市政府、黑珍珠博物馆等地。

参观城区后,沿海滨大道开始环岛行。

汽车行进在环岛公路上,左边是汹涌的大海,右边是高山峻岭。据了解,围岛一圈为113公里。

环岛行第一站来到一个观景台。这里处在山涧,脚下是悬崖峭壁,身后是崇山峻岭。政府在这个地方专门设置了一个瞭望市区全景的平台,意在让人们了解帕皮提的发展和现状。观景台绘有一个平面图,上面标注着通向世界各大城市的里程表,包含了到北京的距离。站在观景台俯

| 第六章　波利尼西亚（岛群）：多岛群岛

瞰，市区的海湾、码头、高楼、街区，尽收眼底，一览无余，还能眺望到海平面远处的莫雷阿岛。

汽车顺着弯弯的山路，下降到海岸，穿过一片树林后停在维纳斯黑沙海滩一座白色的灯塔下。据介绍，这座古老的灯塔是史蒂文森的父亲于 1867 年出资兴建，为塔希提岛唯一一座灯塔，建塔的目的是为了纪念瓦利斯在此登陆。塞缪尔·瓦利斯船长曾于 1767 年来到这里。灯塔的后面有一座古老的金星观测点，1769 年 4 月库克船长在这里观赏了金星凌日。金星观测点旁不远处是英国伦敦布道会 1797 登陆点，所建纪念碑的碑文记述了传教的情况。这里还有一个纪念碑，是欧洲人来此栽种面包树的记载。

● 古老的灯塔

● 面包树纪念碑

下一站是喷潮洞，它和汤加的喷潮洞一样是熔岩洞间接喷泉，我从很远处就看到海边涌起的冲天水柱，很是壮观。塔希提岛是火山形成，海岸边有很多熔岩空洞，当潮水涌进熔岩洞时喷发出倾天水柱,还发出巨响,喷泉极为壮观。在熔岩洞一侧的海湾边长着一些毒树,树下很多果实,当地人不断提醒人们远离,因为果实和花毒性很大。

行车路途有半,接近大塔希提与小塔希提的连接部位。大塔希提岛又称努伊,小塔希提岛又称伊蒂,两岛由一个狭窄的地峡连接起来。汽车一声长鸣,示意车上的人们已到两岛连接地带。这时,向导用手指了一下说:"左边的教堂和前面的路口转盘即是大岛和小岛的分界线。"话刚说完,我们便越过地峡,穿行在大塔希提岛的另一面。

刚过两岛连接地带是一个百花园。顺着窄小幽深的山路走,瀑布飞流直下,一路鲜花盛开,香气扑鼻,但见稀有植物、考古遗迹、池塘荷花。

车行20公里,来到一个蕨类山洞,洞口有20多米宽,一直伸进去看不到头,洞里一池清水,非常幽静。如果游泳进去,还可以看到里

● 神秘山洞

面的水下洞穴,景色更为美妙神奇。洞外,长有一棵塔布树,所结的果实很具男人的气魄。

出山洞后,汽车拐进深山老林,走进一处古老的宗教遗址,当地人叫马来庙。古庙已去,地面上留下了很大的石头神像,在风雨中经历了几个世纪,显得古老而沧桑。

最后,来到塔希提博物馆。馆址坐落于一片古老的神庙遗迹上,是太平洋海岛中最好的博物馆。走进展室,看到了许多文物,记述了波利尼西亚数千年的历史。

● 马来庙遗址

环岛行趋于终点,帕皮提机场就在前边。突然,一架飞机飞向蓝天穿向白云……

蓝天,白云,大洋……

绿岛,海浪,沙滩……

塔希提,美丽的海岛!

大溪地,人间的天堂!

"蜜月岛"莫雷阿(法)

● 莫雷阿岛上的婚礼

● 司仪土著人的服饰特写

大海,沙滩,草坪。

锣鼓,琴声,舞蹈。

一场异乎寻常、别有风味的婚礼在海边举行。

地点:莫雷阿岛。

欢笑声、歌唱声,传向高山密林,飘向无际大洋……

新郎新娘来自意大利,他们要在莫雷阿岛度蜜月。

浪漫的意大利人,为什么要选择莫雷阿岛?因为这里有最美丽的沙滩,最清澈的海水,最原始的森林,一切都那么古朴、自然,尤其是开辟在大海里的水上住屋,让你投身到太平洋的怀抱,更加亲近自然。

莫雷阿,蜜月之岛!情人之岛!

至今,莫雷阿岛还是没开垦的处女地,依然是原始的

第六章 波利尼西亚（岛群）：多岛群岛

森林，依然是古老的村落，依然是自然的沙滩，被誉为"全球八大浪漫胜地"之一。

行走在这个仅有 8000 人的小小莫雷阿岛，聆听着莫雷阿岛的故事。因为它的原始、自然、美丽，不仅吸引了新婚夫妻来此度蜜月，还吸引了情人们到此隐居，甚至吸引了不少名人名家到此永远居住下来。法国画家保罗·高更带情人在此居住，后干脆娶了岛上的 13 岁毛利女孩苔拉，过起乡村生活。他创作的《沉思中的女人》《乳房和红花》等名作，都以苔拉为原型。两获奥斯卡影帝的马龙·白兰度来到此地，迷恋岛上的醉人风光而不愿离去，他甚至放弃一切，娶了岛上一位女孩为妻。

宾馆贴有画家高更的作品

美岛、美景、美女，正吸引着更多的人来到莫雷阿岛休闲、度假、享乐。登陆莫雷阿岛，可宿海上住屋，可登山观景，可环岛旅行，任你选择。

环岛行既能欣赏海岸的美丽风光，又能锻炼体能。莫雷阿岛是个三角形，又像一只展翅的蝴蝶，面积仅

土著人的巨雕

132平方公里，岛周长61公里，骑自行车一天、乘车只需一个小时便可环岛一圈。沿途有码头、教堂、黑珍珠馆、奥普诺胡海湾、库克海湾、水上宾馆、Toatea观景台及洲际、喜来登、索菲特度假村等。

来到奥普诺胡海湾，这是莫雷阿岛最著名的一个景点。站在岸边，看倒映在水中的山和岸边的棕榈树相映成趣，美妙的海滩和椰树林简直是一幅美丽的画卷。这个海湾因1777年库克船长在这里登陆而闻名。这里是拍摄电影的露天影棚，大部分有关波利尼西亚的镜头都取自此地。1984年由梅尔·吉布森主演的《叛舰喋血记》便是在这里取景。

库克海湾处在奥普诺胡海湾东边，但库克船长并没有从这里登陆，不知以"库克"命名何为。这里有同样著名、同样迷人的沙滩。库克海湾后面是鲨齿状高山，临海有一处Toatea观景台。从这里远望可见塔希提岛，下望可视索菲特度假村的水上宾馆。此地还建有一个纪念碑，是飞机失事的地方。

沿着蜿蜒的幽谷小路向岛的内陆高山攀爬，两边全是原始森林。山涧中，隐藏着一些零零散散古老传统的村寨和农舍，穿插一些小片菠萝种植园。路边，还发现很多野生的诺丽树，挂着累累诺丽果实。当地百

第六章 波利尼西亚（岛群）：多岛群岛

● 神庙遗址

姓说："诺丽果并不好吃，但它的汁液有奇特的医疗功效，凡是擦伤和过敏的皮肤，一抹即好。"经过重体力攀登，终于到达贝尔维德观景台。举目远望，奥普诺胡湾和库克海湾统统进入眼帘中。巍峨高山，茫茫海水，莽莽森林，好一幅气度非凡的油彩画！

顺山路绕行，出现一片古神庙遗址。遗址上的神庙已荡然无存，只留下残垣断壁的根基，被周边森林包裹得严严实实。钻进阴暗潮湿的原始森林继续行走，又看到两处神庙遗址和一个祭坛，还有一个弓箭台，这些庙宇、石坛和方箭台已有900年的历史。这些遗址为什么破败？为何消亡？至今还是谜。莫雷阿岛已存在300万年，是火山喷发形成。莫雷阿在当地语的意思是"黄蜥蜴"，为一个酋长的名字。

莫雷阿岛，最让人新奇的是创造了海上住屋，令世人向往。我下榻

去大洋洲 Go to Oceania

的洲际度假村客房大部分建在海上，称之为"海上住屋"。因为莫雷阿岛四周都是环礁湖，没有大风大浪，水面平静，海上住屋不言而喻是把房子建在海上。走进海上住屋，领略一下这独特的住地吧。海上住屋从沙滩边一直延伸到大海，整座屋子用扎进海底的木桩托起。凉台有一个木梯伸进海里，可下海游泳、摸鱼、戏水，房内客厅底部设有观鱼孔，足不出户可观看海中游鱼。这就是海上住屋，全部是木质结构。据介绍，海上住屋是莫雷阿岛的地标建筑，设计方案竟出自几个毛孩子。那是1950年，加利福尼亚三个小男孩来到此岛游玩，无意中产生了在海中建造住屋的设想。于是，在当地土著人的帮助下，海上住屋诞生了！

目前，莫雷阿岛上的洲际、喜来登、索菲特等度假村都建有海上住屋，索菲特度假村所建造的两排海上住屋延伸进大海数公里长，别具一格，蔚为壮观，成了莫雷阿

● 海上住屋

第六章　波利尼西亚（岛群）：多岛群岛

岛一大景点。

洲际度假村对面是一个珍珠馆。法属波利尼西亚是世界上第一大黑珍珠产地，这里展示了各式各样的黑珍珠，供游人挑选。黑珍珠养殖地远在莫雷阿岛 1000 公里以外的群岛礁中，最远处达 1846 公里。养殖工作人员常常驻扎在岛礁上，生活用品要从千里之外的岛上运来，可见黑珍珠的珍贵。

上船了！就要返程了！这个处在塔希提岛西北只有 19 公里的莫雷阿岛，渡船仅需 30 分钟。

离别了！蜜月之岛……

再见了！情人之岛……

● 岛上送货车

去大洋洲 Go to Oceania

传奇的皮特凯恩群岛（英）

● 轮船靠近皮特凯恩岛海岸

您看过奥斯卡最佳影片《"邦蒂"号暴动》吗？这部影片展示的就是皮特凯恩群岛。它是世界上十个最不知名的国家和地区之一，因这部电影而名噪一时。

去一次皮特凯恩岛谈何容易！我是从新西兰乘飞机到塔希提，转飞2000多公里来到芒阿雷瓦群岛，再换乘客货两用轮船，经过两夜一天海上航行，终于到达皮特凯恩岛。

皮特凯恩群岛位于太平洋

第六章 波利尼西亚（岛群）：多岛群岛

中南部，属波利尼西亚群岛，包含皮特凯恩岛及附近的亨德森岛、迪西岛和奥埃诺岛。这4个岛屿只有主岛皮特凯恩岛有人居住，面积仅4.6平方公里，共9个家庭45口人。首府为东北岸的亚当斯敦。皮特凯恩是英国在太平洋地区所剩下的最后一块海外领地。

皮特凯恩的名字起源于英国人。公元15世纪，葡萄牙航海家奎洛斯发现该群岛，因是荒岛无人居住而离开。1767年英国人皮特凯恩登岛，同样发现没有人迹，并用自己的名字命名该岛。

孤悬于太平洋的皮特凯

● 向船上的客人招手致意

● 岛民站在岸边迎接客人

去大洋洲 | Go to Oceania

● 历史纪念碑

恩岛的出名,在于岛上居民的祖先皆是英国"邦蒂"号上的叛变船员,有一段传奇经历,震撼了世人。那是1789年,英国皇家海军"邦蒂"号战舰由塔希提岛驶出,船上载有18名塔希提当地人,其中6名男人和12名女人。航行途中,战舰上的8名士兵在大副弗莱彻·克里斯琴率领下叛变,航船改向驶往南方海洋。叛变的几个月来"邦蒂"号一直在太平洋南部海岛周旋。最后船只驶向荒无人烟的皮特凯恩岛,躲避了英国皇家海军的追杀。叛变者将"邦蒂"号船击沉海底,并与塔希提人一同登陆皮特凯恩岛,在此安家落户,成为皮特凯恩岛最早的居民。起初,由于相互残杀,生活5年后,只剩下4名叛变者和10名塔希提妇女及她们的孩子。到1799年,再次发生内部争斗,最后只剩下亚当斯

第六章　波利尼西亚（岛群）：多岛群岛

● 小岛人家

等 2 名英国叛变者及妇女。1800 年，其中一名叛变者死于疾病，只剩下亚当斯和一帮妇女及孩子艰难生活。

1808 年，美国捕鲸船靠岸皮特凯恩岛，意外发现了亚当斯和 10 名塔希提妇女及孩子。

1814 年，英国海军再度发现该岛，并被这段历史所感动，为此赦免了亚当斯。1829 年亚当斯病逝。为纪念亚当斯，皮特凯恩岛首府以亚当斯名字命名。

皮特凯恩岛的传奇色彩，被后人改写成小说公布于世。20 世纪 30 年代，美国一家电影公司拍摄了影片《"邦蒂"号暴动》，一举获得第 8 届奥斯卡最佳影片金像奖。

去大洋洲 Go to Oceania

时过境迁，如今的皮特凯恩岛已经发展成一个小社会，成为英国的海外领地。英国向该岛委任一名总督行使权力，由 10 人组成岛务委员会，处理日常事务。岛上没有广播、电视，只有一部公用电话。居民看病，没有医生，更谈不上医院，只有一名护士。若有大的疾病，则需要到塔希提或新西兰去治疗。岛上唯一的小学有一名教师和 4 名学生。经济来源以发给外国渔船捕鱼许可证、邮票和手工艺品为主。该岛没有机场、港口，只有少量的船只不定期来往。

皮特凯恩岛，因叛逆者而繁衍生息……

皮特凯恩岛，因一部传奇电影而名扬天下……

● 岛上唯一一所小学

| 第六章　波利尼西亚（岛群）：多岛群岛

旅游胜地夏威夷群岛（美）

蓝天、白云、大海。

大海、蓝天、白云。

飞机从首都机场起飞，行进在浩渺无际的太平洋上空。

经过十个多小时的飞行，从机窗向外俯瞰，依稀可见夏威夷群岛。

夏威夷群岛散落在2500公里长的湛蓝色海面上，共有130多个岛，其中8个大岛，依次为夏威夷、茂宜、瓦胡、可爱、尼豪、莫洛凯、拉纳和卡霍奥拉韦岛。其纬度与海口、墨西哥城、加尔各答等城市在同一

● 俯瞰茫茫的、坐落于海岸的檀香山市区全景

纬线上，即北纬20°。

飞机徐徐降落在夏威夷群岛第三大岛瓦胡岛，走出机舱，顿感天气凉爽怡人，温度26°。登上汽车后，接待我的田先生首先伸出大拇指和小指大声喊："阿啰哈"！我被这一莫名其妙的呼叫惊呆，之后田先生说："这是夏威夷土著波利尼西亚语的欢迎词，也是最常用的一句话，是'你好、欢迎、爱'的意思。"田先生接着说，'夏威夷'三个字同样出自波利尼西亚语，意为'原始之家'。夏威夷群岛是世界著名的旅游胜地，其中的毛依岛和考爱岛2013年排名世界上最受欢迎的岛屿第一和第二位。

汽车穿行在棕榈树和菠萝树之间，田先生介绍，夏威夷是一个梦幻的群岛，这里有火山、沙滩、丛林、海浪，四季如春、阳光灿烂、空气清新、百花斗艳，是世界上最佳的休憩、旅游、养生之地。那么，是谁发现了这一风景胜地呢？

公元4世纪前，一批波利尼西亚人乘独木舟闯入这里，成为最早的居民。1778年著名航海家库克船长登上这里，夏威夷群岛才为世人所知。1795年，波利尼西亚人酋长卡梅哈梅哈一世征服大部分岛屿，建立夏威夷王国。1898年，夏威夷被美国占领，1959年成为美国第50个州。

约有十分钟车程，我们来到位于瓦胡岛南岸中部的珍珠港。因为二战时期日本的偷袭，"珍珠港事件"成为震撼世界的历史事件。我进入珍珠港大门之后，首先观看了当年日本轰炸港湾的新闻纪录片。那是1941年12月7日清晨，日本180多架战机由太平洋基地航空母舰起飞，从珍珠港背后瓦胡岛的北岸悄悄超低飞行，穿过山口直达珍珠港狂轰滥炸，

第六章　波利尼西亚（岛群）：多岛群岛

● 夏威夷珍珠港

停留在港内的美国太平洋舰队成为一片火海。空袭造成美军战舰下沉，2400多名官兵阵亡，几乎全军覆灭。

随后，我登上一艘舰艇，参观当年被击沉的战船现场。舰艇在珍珠港湾行驶，美国年轻的海军女兵声音低沉地向寻访者讲述当年的轰炸情况及沉船的地点方位。经过一段航行，舰艇停靠在一处长方形顶部中间向下弯

● 游客参观珍珠港遇难者纪念堂

去大洋洲 Go to Oceania

曲的白色建筑前，这就是为珍珠港事件遇难者而修建的纪念堂。我走进去，看到一端石墙上镌刻着殉难者的名字，从纪念堂廊柱向外望去，依稀可见海水中沉没的军舰，那里至今还有一千多具尸体无法打捞。

走出珍珠港，沿瓦胡岛南岸开始环岛行，浏览瓦胡岛的全貌。尽管只是夏威夷第三大岛，但瓦胡岛是夏威夷首府檀香山市所在地。檀香山因为产一种檀木而得名。檀香山市也坐落在瓦胡岛的南岸，不过距离珍珠港还有一大段路程。

沿着海湾大道东行，一侧是错落有致的房屋，一侧为湛蓝宁静的大海，路两旁高大的椰树与榕树随风轻摇，好像在欢迎远道而来的游客。

半个多小时车程后，眼前出现林立的高楼大厦，檀香山市到了。街道洁净得一尘不染，道路两旁皆是开着花儿的树，有红色、白色、黄色的，异常清新烂漫。檀香山市区长12英里，人口100万，亚裔占58%。

在市区，我浏览了浅黄色的州议会会堂、白色的州长官邸，观看了美国领土上唯一的皇宫——依奥拉尼皇宫，仰视了高大的披着金黄色外袍的卡梅哈梅哈国王铜像。我还特意来到唐人街孙中山铜像前凭吊。1894年，孙中山就是在这里成立了兴中会，成为中国革命者的海外活动基地。

第六章　波利尼西亚（岛群）：多岛群岛

城市海滩是檀香山的一大看点，也是最诱人的地方。穿过大片绿地棕林，来到海边，沙滩上躺满了仅着泳衣的男男女女，连下脚的地方都没有，成为名副其实的"人肉沙滩"。檀香山沿市海边皆是沙滩，威基基海滩最为壮美，世界闻名。此外，波利尼西亚文化中心及市区地标大楼阿罗哈大楼也值得一看。

行至钻石山脚下，山峰巍然屹立于此。钻石山是瓦胡岛的地标，由火山喷发形成，当年库克船长途经此地看到火山上冒出的蓝光很像钻石，故此得名。

绕过钻石山，沿海滨大道前行，两边是造型各异的海景房住宅，据说价值不菲。行进过程中，司机有意把车速放缓，让我观看当年张学良在此住过的房宅。张学良的宅院坐落在马路右侧，房屋精致，院落很大。据悉，张学良故居已被儿子卖掉，现已成为他人的居所。张学良去世后葬于瓦胡岛北岸，背对珍珠港，设有张学良墓陵。

汽车向东北方向行驶，眼前突然出现一个恐龙形状的海岸线，一直伸向远处大海，这里即是著名的恐龙湾。我下车参观，感受恐龙湾的魅力。这里的海浪、岩岸及沙滩，把岛屿的轮廓雕琢得千奇百怪，海底的礁石忽隐忽现，世界著名的珊瑚就出自此地。这里还有火山熔岩形成的天然岸洞，因为海浪的冲击成为"喷泉洞"。

汽车又过一个山头驶向瓦胡岛的北岸，这里仍然有美景入目，如海中的岛屿，有的像兔，有的像龟，有的像鸟，凭你去想象……

从瓦胡岛北岸，我乘坐汽车钻进一片丛林。据司机介绍，这是岛上的热带雨林，之中有多种名贵植物和动物，但没有蛇，主要因为这里是

去大洋洲 Go to Oceania

● 翩翩起舞的草裙舞者

火山喷发形成，蛇最怕的是火山岩石中的硫黄。足足穿行丛林半个小时，汽车爬上山巅的一个大风口，一下车顿感气温下降。这时突然大风骤起，我冒着浓雾密雨，居高临下，俯瞰远处的海水、村落、丛林，别有一番情趣。

环岛行沿瓦胡岛转了一大圈，最后回到檀香山市区已近傍晚，我又登上爱之船出海，远距离眺望夏威夷宁静的海岛、檀香山林立的高楼、太平洋灿烂的落日，别样风情印入心怀。

我还有幸观看到船上的草裙舞表演。望着那随韵律扭动的腿臀、晃动的手臂，以及头戴的叶环、身穿的草裙和耀眼的胸花，真叫人如痴如醉，特别是吉他伴奏下的音乐和"阿啰哈"的呼喊，久久在太平洋上空回旋、游荡……

夏威夷之夜，是这样的美丽动人……

夏威夷之海，是这般的奇妙醉人……

第六章　波利尼西亚（岛群）：多岛群岛

遥远的复活节岛（智）

蓝天之下，云海之上。

飞机朝着太平洋中的复活节岛航行。复活节岛号称"世界第七大奇迹"。1995年被列为世界文化遗产。

望着窗外的云海，透过飘忽的云朵，俯视无际的大洋，心中回味着大洋洲之行……

我是早晨上飞机飞往复活节岛的。复活节岛是世界上一处神奇之地。到复活节岛必须乘飞机前往，而机票需要提前半年预订和办理相关手续，

● 复活节岛最长的巨石像群

因每年登岛人数有限量。很多人希望有生之年登一次复活节岛，看看至今没有解谜的石头人像，梦想欲成真，却一票难求。

经过长时间的飞行到达复活节岛机场。当走下飞机踏上岛时，顿有"天高云淡，望断南飞雁"之感，充斥着神秘诡异！这就是日思梦想的复活节岛！心情瞬间放飞！

突然，一阵海浪打来，搅乱了我的思绪，复活节岛的首府加罗阿村到了。这是岛上唯一的一个村庄，共有3000多人，两条主要街道。村落沿街有土著人住宅、教堂、邮局、工艺品商店等。

信步在复活节岛，土地、山梁、海滩、野草、鲜花、石块，一切都那么新奇，就连蓝天中的太阳也显得那样灿烂夺目。

复活节岛呈直角三角形，我是沿三角形斜边的一端海岸线行进的，首先去往拉诺拉拉库石像遗址。途中，边走边听向导戈先生介绍："这座海岛闻名世界源于岛上大大小小900多尊石像，落在岛上，有的被海水波浪冲洗得变成普通石块，有的半插在土地中。为什么小岛上有这么多巨石像？为什么雕刻得如此活灵活现？这些人的祖先是谁？都是一个个没有破解的谜。"

不知不觉走到拉诺拉拉库石像遗址。只见散落在半山腰中的石像展露出来，好一片凄凉之感！石像有半身的，有整身的，有躺着的，有半侧的，头部又大又长，高鼻深目，长身垂肩，下巴前突，两肩下垂，表情沉重，神秘莫测，令人惊叹！400年来，复活节岛上的巨石像一直注视着远方的天空，忍受着狂风骤雨，始终是沉重而漠然的表情！一种忧愁之感不禁油然而生……

第六章 波利尼西亚（岛群）：多岛群岛

拉诺拉拉库山上共有 397 尊石像，形态各异，其中埃尔西干特巨人像是全岛最大的，高达 21.6 米、总重量为 182 吨；托利托利巨石像是岛内唯一一尊珍贵的正座像，下巴上雕刻着胡须，目光看向天空。

● 最高的石像

与拉诺拉拉库石像群相隔不远处的海边是阿胡通加里石像遗址。当来到这里，看到 15 尊直立巨像一字排列，长达 100 多米。太震撼了！这是复活节岛上排列最长的石像群，规模宏大，阵容整齐。石像一尊尊背朝大海，面向全岛，好像在守卫着复活节岛。直立的巨石像只有这里才有，再加上 15 尊一字排开，成为全岛最神秘、最引人入胜之地，宣传复活节岛石像的照片就出自这里。

探访的第三处巨石像为阿纳凯纳海滩，据说霍图马图阿王登陆的地点就是这里。复活节岛上本来没有树，而这一海滩上

去大洋洲 Go to Oceania

● 阿纳凯纳海滩七座石像阵威风凛凛

却生长着很高的椰子林。这是1961年从大溪地岛运来椰子苗在此扎根生长的。海滩上7尊巨石像一字排开，其中一尊是霍图马图阿王的雕像。7尊中5尊头戴普卡奥，这在复活节岛是很少见的。

　　这里的夜是那样宁静，这里的星座是那样清晰，这里的原野是那样空旷。那么，复活节岛的来龙去脉呢？踏着夜色，我造访了当地土著居民。1722年，荷兰航海家第一次踏上该岛恰遇复活节，小岛由此得名。当地土著人称该岛为拉帕努伊岛，他们认为万物是可以复活的，所以每年一至二月在此岛隆重举行拉帕努伊节，节日持续一周，最后一天竞选拉帕努伊女王。土著人介绍："复活节岛面积117平方公里，周长58公里，三角形各角各有一座火山。岛上没有树，没有鸟类，除了鸡没有其他任何动物。"复活节岛曾经闹过一场传染病，活下来的只有百余人，后来繁衍生息。对于石像的解释：一说上帝造的；一说外星人造的；还有说

第六章　波利尼西亚（岛群）：多岛群岛

是古人开凿的，说法不一，没有定论。

踏访，一直进行到深夜……

次日清晨，迎着初升的太阳，继续复活节岛的寻访。路过机场，绕过山梁，来到海边的阿胡维纳普石像遗址。让人惊奇的是，这里的石像大都脸朝下倒在一堆乱石上，横七竖八，只有少数几尊坐立。这里有石头砌起的高台，其中一面石墙保留尚完好，这曾是一个庞大的祭坛。石墙砌得非常平滑、细腻，看不到一点缝隙。那么，祭坛到底是祭祀什么呢？因为年代已经久远，至今一直是个谜。

戈先生让我走近石墙，将手表贴在一处石缝，我惊奇地发现手表秒针不走了。打开手机指南针，所指方向也失效了。为什么这里有超强磁场？这些怪现象连科学家也无法解释。据向导介绍，祭坛是因战乱倒塌的，现在没有任何文字记录。在祭坛旁，还有石槽、石墩、石柱，最突出的还有直立着的一尊女性巨石像，但没有了脸部，这是复活节岛上唯一残存的女性石雕，其他6尊均被推到大海里淹没了。

离开祭坛遗址北上爬上一座山，来到普卡奥遗址。站在山顶，可俯视安加罗阿村全景和大海。令人奇怪的是，这里没有一尊巨石像，却散落着很多石像巨石帽。"普卡奥"在当地语中意为"石帽"。石帽雕刻得太大了，有如一间圆顶房屋。望着巨石帽，我开始纳闷，这一顶顶

● 巨石帽

如此大的巨石帽如何运下山呢？这又是一个谜……

阿胡基维巨石像遗址处在岛的东部。走过一片荒凉的草地，看到高丘上一字排开7尊巨像面朝大海。在复活节岛，巨石像都是背朝大海，面朝内陆，而此7尊巨石像却反之，偏偏遥望大海。据介绍，这些石像是霍图马图阿王的希瓦国7个部落的7名酋长的雕像，他们一个个目光炯炯，注视着前方大海中的3座小岛，那是他们的故乡，被称作"希瓦"国。他们直视的角度恰是春分、秋分日落的方向，这又是一个不解之谜。

复活节岛博物馆是必去之地。展厅中的"巨石像眼"最引人注目，眼左右长36厘米，上下宽19厘米，白眼球由白珊瑚造，黑眼球使用黑耀石和红色的安山岩石。

展厅展出的4条刻有"克豪龙戈龙戈"文字的木板令人费解，是一种不可思议的文字板，所刻符号有的像人，有的像鸟，有的像木草，有的像船桨。据专家讲，龙戈龙戈板是从左往右读，下一行是从右向左读。

第六章　波利尼西亚（岛群）：多岛群岛

这种奇妙的阅读方式非常神秘，世界各地的学者一直在研究，但始终读不懂、读不透，成了难解之谜！有的说是编织物的图案，有的说是族谱，还有的说是被杀者的名簿，说法不一。

就要离开复活节岛了！然而一连串的不解依然在脑海中回旋——

神秘啊！复活节岛……

新奇啊！拉帕努伊……

温馨提示

去波利尼西亚（岛群）除从斐济直飞外，还可从新西兰和澳大利亚转机前往。该岛群较之前两个岛群更为遥远、偏僻、闭塞，去3个主权国家都不易到达。图瓦卢每个星期只有一趟飞机从斐济起飞，入境后必须住一个礼拜才能返回，这个国家只有一家旅馆而且很小。去萨摩亚和汤加一样，需要耐心等待飞机。这3个国家饮食还可以，但住宿条件都不理想，值得放心的是治安条件良好，犯罪率几乎为零。

后记 Afterword

从大洋洲归来，脑海中总回荡着抹不掉的印记，且不说澳大利亚和新西兰这两个国家，那散落在太平洋中成千上万的海岛足以让你流连忘返，终身难忘。那碧波荡漾的大海，那绿意盎然的岛礁，那银光闪闪的沙滩，那洁白如玉的云朵，让人进入一个纯净的海岛世界。

世界上有两大海岛群，那就是太平洋海岛和加勒比海海岛。虽然两者均处在赤道一带，但两个海岛群给人的感觉截然不同，各有各的文化、习俗和生活方式，之间的差异只有亲自驻足才能真正体会和领略。

比如图瓦卢这个只有几千人的小小岛国，我仅住了一个星期，却暗暗地恋上了她。那些日子我与总理相见、在农妇家做客、与小学生接触，深深感受到岛国人的忠厚和实在。帕劳的海底世界，塔希提的海景房，瓦努阿图的活火山等都给我留下了很深的印象。

大洋洲是美丽的，特别是太平洋岛国，那么宁静、深幽，空气那样清新，一尘不染，是休闲度假的好去处。有些岛屿至今未开垦，尚没有人居住，"不识庐山真面目"，保持了原始地貌，是旅行者的向往之地。

但是，也不能不看到，太平洋岛国留下了战争的创伤，且伤痕累累。

这主要是由于二战时期日本的侵略和轰炸，使很多海岛大伤元气，如基里巴斯、所罗门群岛、马绍尔群岛等。战争遗迹与秀美平静的海岛风光极不和谐，而战争纪念碑、战争纪念馆、死难者墓地，更给人以沉重压抑之感。战争，对自然环境的破坏和对百姓带来的灾难难以言表。

对于大洋洲的踏访，我分为两大部分。第一部分是澳大利亚、新西兰和巴布亚新几内亚；第二部分是大洋洲的诸岛国，其中包括密克罗尼西亚、美拉尼西亚和波利尼西亚三大岛群。对于澳、新来说，是常规的旅游线路，而对于三大岛群，去的人就不算多了，给人一种神秘之感，美妙之感！

《去大洋洲》这本书，最值得看的是三大岛群这一块，还有巴布亚新几内亚。走遍大洋洲所有国家之后，我留下最深印象的就是三大岛群。因为这些岛群有很多国家不易去，很难到达，同时也没有真正对外开放，甚至有些岛还是从没被开垦的处女地，颇具神秘的色彩。比如图瓦卢这个小国，每个星期只有一次航班，比基尼岛一个月才有一次飞机到达，还有的岛且不说飞机，连航船都没有开通，可想而知，去往和到达是多么困难，为此才有很大的吸引力和神秘感！

《去大洋洲》全书共6章、46篇，计20万字，还插进我实地拍摄的300多幅照片，在阅读时可以参看图片增加直观印象。这里，感谢丁改生、桂强芳、张晓林、韩锦生、任铁良为我提供我没有拍到或者说没有拍好的照片。

《去大洋洲》是继我的《乡路》《乡情》《乡曲》《春韵》《千山万水》

《西藏穿行》《穿越大西北》《行走南极》《去南美》《去加勒比海》《去中美洲》《去北美》等之后出版的第14部书籍。除此之外还有一部长篇电视连续剧《先遣连》（编剧），已在中央电视台一频道晚八点黄金时段播出并获得"飞天奖"一等奖。这些著作包括电视剧的正式出版和上演，受到广大读者和观众的好评，在此一并表示感谢！同时感谢当代世界出版社的大力支持，感谢风景图文的打印和编排。

  春种一粒粟，秋收万颗子。《去大洋洲》这本新作即将付梓出版。亲爱的读者们，在新书发行之际，我愿把大洋洲海岛上的灵气带给您，给您清新、给您纯净、给您芳香！

作者：王喜民

2018年01月22日